D1657469

Carl Taube

Der Rauch des Vaterlands...

Erinnerungen
an Rußland

Neske

Gesamtherstellung: Union Druckerei GmbH Stuttgart
ISBN 3 7885 0002 6. Printed in Germany

»Was sind und zu welchem Ende schreibt man Memoiren?« So hätte Schiller einst fragen können.

Und die Antwort einer modernen Enzyklopädie, des »Brockhaus«, lautet: »Memoiren, Denkwürdigkeiten, (Lebens-) Erinnerungen aus der Zeitgeschichte, die der Verfasser als handelnd Beteiligter oder als Augenzeuge miterlebt hat. Den besonderen Reiz der Memoiren macht es aus, wie sich darin eine Zeitepoche im Bewußtsein eines Miterlebenden und Beteiligten spiegelt und wie im oft anekdotischen Detail Atmosphäre und Lebenswirklichkeit dieser Epoche greifbar werden. Die Memoiren von Politikern und Militärs verbinden mit der Darstellung politischer und militärischer Ereignisse den Wunsch der Rechtfertigung des Autors oder der Entlarvung des Gegners.«

Augenzeuge der Zeitgeschichte bin ich zweifellos gewesen. Auch handelnd Beteiligter? Kaum, jedenfalls für den Außenstehenden nicht spürbar. Miterlebender einer Epoche, natürlich, wer wäre es nicht! Da ich weder Politiker noch Militär bin, strebe ich weder eine Rechtfertigung noch die Entlarvung eines Gegners an. So weit, so gut.

Aber zu welchem Ende schreibt man sie tatsächlich? Brockhaus drückt sich diplomatisch aus. Wenn Politiker und Militärs mit ihren Memoiren oft nur den Versuch der Rechtfertigung oder Entlarvung »verbinden«, ist dies nicht der Hauptzweck. Gelderwerb dürfte auch nicht ausschlaggebend sein. Herren, die Memoiren schreiben, sind meist gut gestellt. Ich fürchte, Brockhaus läßt einen wichtigen, vielleicht entscheidenden Beweggrund außer acht. Fast alle Herren, die heutzutage Erinnerungen schreiben, haben den Rubikon der 65 Jahre überschritten. Sie haben viel freie Zeit.

Was nun die Epoche angeht, die ich miterlebte, so teile ich sie mit vielen Millionen. Das bringt dieser unerfreulich egalitäre Zug des Lebens mit sich. Daß diese Zeitspanne eine besonders interessante war, dafür sprechen zwei Gründe: ein subjektiver, daß man sie nämlich selbst miterlebte, und ein objektiver, der mit dem alten Malthus zu tun hat, jenem englischen Sozialphilosophen, der vor weit über hundert Jahren lebte. Ich meine damit weniger seine »pessimistische Bevölkerungstheorie«, die im letzten Drittel unseres Jahrhunderts in der sogenannten unterentwickelten Welt eine ungeahnte und erschreckende Aktualität bekommen hat, sondern vielmehr diejenigen seiner Aussagen und Prognosen, die sich auf die Entwicklung von Wissenschaft und Technik und ihre Auswirkung auf den Menschen anwenden lassen und die in der komplizierten Welt von heute noch immer durchaus ihre Gültigkeit besitzen. Ein neu formuliertes Malthus'sches Gesetz würde etwa lauten: »Die Technik wächst in geometrischer Progression, der politische Verstand aber nur in arithmetischer Reihe.« Wenn überhaupt, aber man muß schon optimistisch sein.

Über das atemberaubende Tempo der technischen Entwicklung und die Ergebnisse der naturwissenschaftlichen Forschung ist viel geschrieben worden. Zusammenhänge, die heute für jedermann verständlich sind, waren es früher durchaus nicht.

Als Schüler erlebte ich, daß in unserem Haus die elektrische Beleuchtung Einzug hielt. Dem Elektrizitätswerk, das natürlich privat war, gelang es häufig nicht, die vorgeschriebene Spannung von 200 Volt zu halten. So verblaßten oft die strahlenden Kohlenfadenlampen zu einem kümmerlichen Glimmen. Mein Vater, der sich zeitlebens für einen fortschrittlichen und technisch begabten Menschen hielt, ersetzte sie durch 100-Volt-Lampen und freute sich an ihrem überirdischen Glanz. Warum aber, wenn das Werk ausnahmsweise die volle Spannung lieferte, die ganze Pracht in der gesamten Wohnung auf einen Schlag zu Ende war, ist ihm nie ganz klar geworden.

»Geboren am 6./19. März 1902 in Reval (Tallinn)«, so steht es in meinem Paß. Amtlichen Dokumenten kann man, zumal in Deutschland, im allgemeinen trauen. An den so fixierten Tatsachen braucht man also nicht zu zweifeln; aber so simpel die Notiz sich auch liest, bei näherer Betrachtung hat sie es in sich. Hier stehen zwei durch einen Strich getrennte Zahlen, die heutzutage eigenartig anmuten und die auf niemand Geringeren als Julius Cäsar und Papst Gregor XIII. zurückgehen. Das russische Kaiserreich, in dem ich geboren wurde, rechnete bis zu seinem Ende nach dem Julianischen Kalender, der um 13 Tage hinter dem Gregorianischen zurück war. Beim Übertritt in die westliche Welt habe ich mich seinerzeit dafür entschieden, die erste Zahl amtlich sanktionieren zu lassen, wodurch ich leichtsinnigerweise fast zwei Wochen meines Lebens verschenkt habe, die Spanne nämlich, um die ich im zivilen Leben jünger bin als amtlich anerkannt. Da aber nur das Amtliche relevant und das Zivile unerheblich ist, werden mir eines Tages $13 \times 24 = 312$ Stunden fehlen.

Damals war ich jung und unerfahren, ich glaubte, mit der Zeit großspurig umspringen zu können. Heute, wo mir die Zeit als philosophische Kategorie einerseits und als lebensnotwendige Bedingung andererseits sehr viel wichtiger geworden ist, ist es zu spät, daran etwas zu ändern.

Warum das alte Rußland sich so beharrlich weigerte, das zu tun, was die übrige Welt längst getan hatte? Nun, die orthodoxe, die »rechtgläubige« Kirche, die in ihrer engen Bindung an den Zarismus viel, wie sich später herausstellte, zu viel zu sagen hatte, argumentierte richtig wie folgt: Jeder Tag des Jahres ist einem Heiligen geweiht. Streichen wir plötzlich 13 Tage, so müssen wir 13 Heilige um den ihnen zustehenden Tag betrügen. Das können wir nicht, wenn wir gerecht bleiben wollen. Nach welchen Richtlinien wollen wir sie auswählen? Dürfen wir uns anmaßen, sie nach ihren Verdiensten zu klassifizieren? »Heilig« ist wie »unendlich« ein Grenzbegriff und als solcher nicht steigerungsfähig. Auch wenn wir sie im darauffolgenden Jahr doppelt ehren würden, wäre das keine Kompensation, die verlorene Zeit wäre endgültig entschwunden. Keine Anstrengung brächte sie je wieder zurück. Nicht nur, daß die orthodoxe Kirche hier ein Verständnis für das Wesen der Zeit zeigte, das Einstein zur Ehre gereicht hätte, sie bewies mehr Sorgfalt und Feingefühl als die katholische Kirche, die im Jahre 1582 auf den 4. gleich den 15. Oktober folgen ließ und damit 10 Heilige um ihren Tag betrog.

Was nun meinen Geburtsmonat angeht, so gehört der März astrologisch zu den Fischen und astronomisch zum Frühlingsanfang. Mit der Astrologie habe ich mich nie befaßt, die Kausalzusammenhänge sind mir immer etwas überheblich erschienen.

Daß Ende März der astronomische und Anfang März zuweilen der klimatische Frühling beginnt, ist dagegen fundiertes Wissen. An meinem Geburtsort allerdings bedeutet der März noch viel Schnee und starken Frost. Hier am Rhein aber, wo ich seit 40 Jahren lebe, haben so manches Jahr schon die Krokusse geblüht, wenn mein persönlicher Kalender um eine Ziffer weiterrückte.

Wenden wir uns nun meinem Geburtsort zu, so stoßen wir erneut auf eine zweideutige Eintragung, so als ob ich vom Schicksal verurteilt wäre, ununterbrochen in einem »Einerseits-Andererseits« zu leben, als ob mir die eindeutige, fest bestimmte und behördlich verlangte Position versagt wäre. Offensichtlich liegt das nicht daran, daß sich Ort und Zeit nicht eindeutig bestimmen ließen, sondern das Bezugssystem ist es, das Schwierigkeiten macht. Die bedenkliche Nähe zur modernen Physik wird hier offenbar, und in diesem Sinne kann ich mich mit vollem Recht zu den modernsten Menschen unserer Zeit zählen.

Brockhaus, dem meine große Liebe gilt, führt für die Stadt Reval drei Namen an, ist aber, das soll kein Vorwurf sein, nicht vollständig, denn er läßt neben Reval (deutsch), Tallinn (estnisch) und Rewelj (neurussisch) einen vierten, nämlich Kolywanj (altrussisch), unerwähnt. Man muß es zugeben, vier Namen für eine so kleine Stadt, das ist sehr bemerkenswert. Die Stadt kann nichts dafür, sie selber hat sich im Laufe der Jahrhunderte so wenig verändert wie kaum eine andere in der weiten Welt. Aber die Geschichte ist mit ihr sehr eigenwillig umgesprungen. Und es ist ein übliches Verfahren, daß man etwas, was man in der Substanz nicht zu ändern vermag, wenigstens anders benennt, worin ein guter Rest archaischer Beschwörungsformeln steckt.

Reval wurde 1219 vom dänischen König Waldemar gegründet, nachdem er die dort ansässigen Esten besiegt hatte, bei welcher Gelegenheit der Danebrog, die dänische Nationalflagge, vom Himmel gefallen sein soll, wie die Sage berichtet. Warum das geschah, ist nicht überliefert. Jedenfalls fiel sie aus irgendeinem Grunde vom Himmel und sollte eigentlich fortan jeden guten Dänen an die ferne Stadt im Norden erinnern.

So fing die Stadt ihr Leben mit weltweiter Bedeutung an, erwies sich aber leider späterhin nicht in der Lage, diese Reputation aufrechtzuerhalten.

1285 wurde Reval Hansestadt und gehörte seit 1346 zum Deutschen Orden. 1561 kam die Stadt an Schweden und wurde 1710 von Peter dem Großen dem russischen Reiche einverleibt. 1918 wurde Reval Hauptstadt der selbständigen estnischen Republik, eines der sogenannten baltischen Randstaaten. 1940 kamen Stadt und Land zur Sowjetunion.

Man kann also von einem wechselvollen Schicksal sprechen, das die vier Namen durchaus erklärt. Die Burg, der Dom und die Wintersitze des Landadels liegen auf einem 40 m hohen Hügel über dem Meer, dem Domberg, an seinem Fuß die bürgerliche Altstadt, das Ganze ist von einer auffallend gut erhaltenen Mauer mit Türmen und Toren umgeben. Auch heute noch präsentiert sich Reval als die am weitesten nordöstlich gelegene mittelalterliche Stadt. Sie ist ein touristischer Anziehungspunkt ersten Ranges bis hin zum Stillen Ozean, was für ihre architektonischen Qualitäten, aber auch für die ungeheure Größe des Raumes spricht, in dem sie bemüht ist, deutsches Mittelalter würdig zu vertreten.

Wenn ich als Kind an der Hand meiner Mutter auf dem Domberg stand und über das Meer nach Norden blickte, so hatte ich, ohne es zu wissen oder dieser Tatsache besondere Bedeutung zuzumessen, den gesamten deutschen Sprachraum hinter mir im Rücken. Ich hätte, wäre ich erwachsen und gut zu Fuß gewesen, mich von dort aufmachen können und, sagen wir, bis Andermatt in der Schweiz wandern können, ohne eine andere Sprache als Deutsch zur Verständigung zu benötigen; das wären runde 1800 km Luftlinie gewesen. Bedenkt man, wie sehr eine solche Wanderung im deutschsprachigen Raum inzwischen zusammengeschrumpft ist, so gewinnt man eine plastische Vorstellung von den Konsequenzen einer Politik, deren Vorstellung vom slawischen Osten von einer gewollten und absichtlichen Ignoranz geprägt war. Auf einer solchen Wanderung wäre ich durch die deutsche Universitätsstadt Dorpat gekommen, durch Riga mit Dom und Herder-Denkmal, durch Mitau, die Residenzstadt der Herzöge von Kurland, durch Königsberg, wo Kant lebte und begraben ist. Durch Danzigs Lange Gasse wäre ich geschlendert, und erst in Frankfurt an der Oder hätte ich ein Land erreicht, das heute noch deutsch spricht.

Historische Fehler solchen Ausmaßes lassen sich nicht korrigieren, aber man sollte aus ihnen lernen, um sie nicht zu wiederholen.

Storm hat seine Heimatstadt Husum in einem schönen Gedicht als »die Graue Stadt am Meer« beschrieben. Mir persönlich ist sie, bei einem allerdings nur kurzen Besuch, nicht so grau erschienen. Aber meine eigene Heimatstadt verdient diese Bezeichnung vollauf. Das Meer ist in dieser Stadt allgegenwärtig, und erbaut ist sie aus dem gleichen grauen Kalkstein, auf dem sie gegründet wurde. Die Bürgersteige sind aus großen Platten des gleichen Steines gefügt. Der nachdenkliche Wanderer schreitet über zahlreiche Versteinerungen formschöner Ammoniten und Belemniten, die man sonst nur in Museen findet. Asphaltierte Straßen kannte man im Reval meiner Kindheit noch nicht. Der Belag bestand aus Kopfsteinpflaster, von uns Katzenköpfe genannt, und in den wenigen Hauptstraßen aus quadratisch behauenen Steinen, die »schwedisches Pflaster« hießen. Der dafür benötigte Granit war reichlich vorhanden, denn unzählige kleine, große und größte Findlinge waren über die Küste und das Land verstreut. Sie waren während der Eiszeit von Finnland herübergekommen, aber kleinere wurden auch in der neueren Zeit gelegentlich immer wieder mit dem Eis aus den finnischen Schären herübertransportiert. Da die meisten Räder, die über dieses Pflaster rollten, mit Eisen beschlagen waren, machten sie zusammen mit den Hufen der Pferde einen beachtlichen Lärm, der fast während des ganzen Tages wie eine akustische Glocke über der Stadt lag. Wachte ich im Spätherbst zu früher Stunde rechtzeitig für den Schulgang auf, und es war ganz still in der Stadt, so wußte ich, ohne aus dem Fenster zu schauen, daß über Nacht Schnee gefallen war. Denn nun wurde der gesamte Verkehr für den langen und dunklen Winter buchstäblich über Nacht auf Schlitten umgestellt; damit wich der sommerliche Lärm der winterlichen Stille. Die Schlitten glitten lautlos durch die verschneiten Straßen. Um Passanten zu warnen, hängte man den Pferden Schellen um, die bei jeder Bewegung leise klingelten. Der Schnee, heutzutage und hierzulande eigentlich nur noch notwendige Voraussetzung fürs Skilaufen, bestimmte damals und dort das Äußere des Lebens während eines guten halben Jahres. Und Schnee, in großen, dicken flauschigen Flocken fallender Schnee, ist auch meine erste Kindheitserinnerung, die ich ungefähr auf das Ende meines zweiten Lebensjahres datieren kann. Denn in mein drittes Lebensjahr fallen Erinnerungen, die sich sehr genau bestimmen lassen: an die Flucht meiner Mutter mit ihren beiden Kindern nach Holland während der ersten russischen Revolution im Jahre 1905.

Der Russisch-Japanische Krieg 1904/05 hatte die Zersetzungserscheinungen des Riesenreiches erschreckend deutlich gemacht. Den schönen Ausspruch anläßlich des napoleonischen Feldzugs von 1812: »Es fehlte von Anfang an an allem, sogar an Juden«, der meines

Wissens von Caulaincourt stammt, konnte man auch hier anwenden. Viele Beispiele persönlicher Tapferkeit und Pflichterfüllung konnten nicht darüber hinwegtäuschen, daß der Staat bis ins Mark hinein faul war. Und nach dem dank amerikanischer Unterstützung noch glimpflich abgelaufenen Friedensschluß revoltierte die aus der Mandschurei zurückkehrende, geschlagene Armee; es kam zum allgemeinen Aufstand. Wie in anderen Teilen des Landes auch, äußerte sich die Revolution in Estland zunächst auf dem Land durch Morden, Plündern und Brennen auf den in baltischen Händen befindlichen Gütern. Da man ein Übergreifen auf die Städte befürchtete, entschloß sich mein Vater, seine Frau mit den beiden Kindern zu Schiff ins Ausland zu schicken. So trat ich denn mit drei Jahren meine erste größere Reise an.

Der soeben gebrauchte Ausdruck »baltisch« macht eine erneute Abschweifung notwendig. Wie die vielfache Benennung der Stadt schon andeutet, lebten um die Jahrhundertwende drei Volksgruppen im Lande. Soweit die Geschichte reicht, war das Land immer von Esten bewohnt gewesen, einem den Finnen stammesmäßig und sprachlich nahe verwandten Volk. Die Esten stellten im wesentlichen die arbeitende, oder besser: die mit der Hand arbeitende Bevölkerung des Landes und der Städte. Estnische Pfarrer, Ärzte, Juristen und Offiziere waren ganz selten und paßten sich meist sehr rasch ihren deutschsprachigen Kollegen an. Die Russen stellten Regierungsbeamte, Offiziere und Mannschaften der Armee und Marine, zum Teil auch kleinere Lebensmittelhändler auf den Märkten und ambulantes Volk. Herumziehende Scherenschleifer waren seltsamerweise immer Russen; ihre melancholischen, singenden Rufe, mit denen sie ihre Dienste anboten, liegen mir noch heute im Ohr. Diese, wie man damals sagte, »einfachen Russen« waren an ihrer Kleidung leicht zu erkennen. Im allgemeinen wurden sie im Lande nicht seßhaft, sondern hielten sich hier nur zeitweilig auf. Überhaupt emigrieren Russen nur ungern, nur gezwungen. Den Millionen Juden, Litauern und Polen, die im letzten Jahrhundert in die Vereinigten Staaten auswanderten, stehen kaum Russen gegenüber. Die Leichtigkeit, mit der Deutsche in der ganzen Welt siedeln und ihre Heimat rasch vergessen, ist dem Russen unverständlich, unheimlich. Die eigenartige Spannung, die darin liegt, daß der Russe sich zu Hause nie richtig wohl und zufrieden fühlt, andererseits auf keinen Fall woanders leben möchte, wird uns noch beschäftigen.

Die dritte Bevölkerungsgruppe stellten die Balten, wenn man von einer kleinen schwedischen Minorität auf den Inseln absieht. Das Wort Balte kommt aus dem Lettischen und bedeutet »der Weiße«. Es erinnert an den weißen Mantel mit dem schwarzen Kreuz, den die Ordensritter trugen. Die offizielle etymologische Ableitung geht zwar auf niemand Geringeren als Plinius zurück, doch erscheint mir die oben angeführte plausibler und zeitnäher zu sein. Die Balten selbst beschränkten diese Bezeichnung auf jenen Teil der Bevölkerung, der mindestens eine Reihe von Generationen im Lande saß und immer deutsch gesprochen hatte. Ein beachtlicher Teil von ihnen war seinerzeit nicht unmittelbar aus dem Reich eingewandert, sondern hatte den Umweg über Schweden genommen, das im Mittelalter eine Zeitlang stark unter deutschem Einfluß gestanden hatte. Jene Deutschen, die im 19. Jahrhundert eingewandert waren, wurden von den Balten als »Reichsgermanen« bezeichnet, ein Ausdruck, der ihre stammesübliche Überheblichkeit deutlich spiegelte. Wenn ein kleiner Volkssplitter, der in den besten Zeiten zahlenmäßig etwa 100 000 Menschen umfaßte, nicht nur in der unmittelbaren Heimat, sondern in dem ungeheuren russischen Reich eine bevorzugte Oberschicht bildete, so konnte eine solche gefährliche Überheblichkeit eigentlich gar nicht ausbleiben. Als Peter der Große daranging, das moskowitische Rußland zu europäisieren, wuchsen die gerade zu russischen Staatsbürgern gewordenen Balten fast zwangsläufig in eine privilegierte Stellung hinein. Als aber dann das autoritäre, äußerst germanophile Regime Nikolaus I. begann, sich in zunehmendem Maße auf die Balten zu stützen, gerieten sie allmählich in die bedenkliche Rolle von Stützen eines Thrones, der immer wackliger wurde. Und kurz vor der Februar-Revolution 1917 schrieb der damalige französische Botschafter am Zarenhof, Maurice Paléologue, ein Nachkomme der letzten Kaiser von Byzanz: »Für die Balten ist die Treue zum Hause Romanow nicht nur Tradition und Familientugend: sie ist die Wurzel ihrer Existenz.«

Daß die Balten mit der Fehleinschätzung der innerrussischen Entwicklung ihr eigenes Schicksal besiegelten, ist geschichtlich gesehen uninteressant. Daß sie aber in Deutschland von den Tagen Wilhelms II. bis in die Gegenwart als profunde Kenner und Berater für russische Fragen galten und gelten, ist dem deutschen Volk teuer zu stehen gekommen. Für Menschen, die von der Inferiorität ihrer Umwelt lebten, mußte der Wunsch zum Vater ihres Urteilsvermögens werden. Wenn, wie Paléologue sagt, ihre »raison d'être« darin bestand, allem Russischen überlegen zu sein, so konnte es gar nicht ausbleiben, daß sie schließlich die russische Kraft verhängnisvoll unterschätzten. Es ist eine Nebenabsicht der vorliegenden Aufzeichnungen, diese Dinge ein wenig zurechtzurücken.

Im Auswärtigen Amt in Berlin kursierte der Spruch: »Allen Balten zum Trotz sich erhalten!« zum Zeichen der dort herrschenden Verhältnisse. Man ist immer wieder erstaunt, daß eine so kleine Gruppe von Menschen einen so großen Einfluß ausüben konnte. Gerechterweise muß gesagt werden, daß die 1918 und 1940 »heim ins Reich« gekehrten Balten durchaus ihren Mann gestanden haben, als »Altflüchtlinge«, ohne jede Entschädigung sozusagen. Denn ihre Auswanderung war ja nur wie die Probe für ein Drama, das wenige Jahre später vor aller Welt gespielt wurde. Das baltische Schicksal gibt am besten der bekannte Rigenser Ausruf wieder: »Waj, waj, Errbarrrmung!«

Meine Mutter also brachte uns Kinder vor der heraufziehenden Revolution in Sicherheit. Da der Hafen zugefroren war, wurden wir im Schlitten über das Eis bis zum Schiff gebracht, das im offenen Meer lag und uns an Bord nahm. Die Reise ging über die Ostsee durch den Kaiser-Wilhelm-, heute Nordostsee-Kanal; die Durchfahrt unter der Rendsburger Brücke gehört zu meinen ersten Erlebnissen, an die ich mich genau erinnere. Wir fuhren nach Rotterdam zu einer

Freundin meiner Mutter, die recht begütert war und uns in ihrem Hause für längere Zeit aufnehmen konnte. Sie heiratete später einen preußischen Offizier, für den ihr Geld wohl nicht ohne Interesse war. Ich habe sie als Erwachsener noch mehrmals getroffen und auch vor ihrem Haus in Rotterdam noch öfters gestanden. Es lag in der Nähe der Maas an einem mit Bäumen bestandenen Platz. In einem kleinen Wasserarm, der sich dort entlangzog, tummelten sich schnatterfreudig Enten. Alles atmete gutsituiertes westeuropäisches Bürgertum und schien für die Ewigkeit gegründet. Einem aufmerksamen Besucher hätte allerdings auffallen müssen, daß er vom Maas-Damm aus dieses kleine Paradies tief unter sich, also tiefer liegend als der Meeresspiegel, sah, und es hätte ihm beim Anblick einer so gefährdeten Lage wohl der Gedanke an eine viel allgemeinere Bedrohung kommen können.

Beim großen Luftangriff auf Rotterdam ist später das Haus mit unzähligen anderen ein Raub der Flammen geworden und existiert seitdem nur noch in der Erinnerung.

Als die Revolution, im wesentlichen mit Hilfe regierungstreuer Kosakenregimenter, niedergeschlagen war, kehrten wir drei wieder auf dem Seewege in die Heimat zurück. In der Zwischenzeit hatte mein Vater, mit einer Pistole bis an die Zähne bewaffnet, Ordnung und Besitz verteidigt, ohne allerdings »in Feindberührung" zu kommen. Der einzige in der Stadt, der eine solche bekam, war der Ship-Chandler Johannsen, der am Hafen mit Zubehör für die zahlreichen Segelschiffe handelte. Als ein Anhänger der Marxschen »Mehrwerttheorie« ihn unter Zwang expropriieren wollte, ergriff er einen Malspik, ein schweres und spitzes eisernes Gerät, das dazu dient, Taue miteinander zu verspleißen, und schlug, so bewaffnet, den Angreifer in die Flucht. Die Geschichte wurde schmunzelnd in der Stadt kolportiert, und ein Problem, dessen Schatten bereits überdeutlich über dem Gang der Dinge lagen, wurde auf diese Weise verharmlost. An seine wirkungsvolle Lösung mit Hilfe dieses mutig geschwungenen Malspiks glaubte man tatsächlich, nicht zum ersten, und wie wir heute wissen, nicht zum letzten Male.

Es gehört zu den Erfahrungen der Geschichte, daß man durch Anwendung von Gewalt Ruhe und Ordnung sowohl wiederherstellen als auch endgültig zerstören kann. Das Ergebnis wird jeweils davon abhängen, ob die Gewalt eine kleine Minderheit oder die große Mehrheit repräsentiert. Fatalerweise läßt sich das aber nicht vorher durch eine Wahl feststellen, sondern der Einsatz der Gewalt bewirkt erst die Trennung der Geister und entscheidet damit über das Resultat.

Die vom Ship-Chandler Johannsen bedienten, zahlreichen Segelschiffe wurden »Laiben« genannt, hatten eine Ladeluke, waren als Kutter getakelt, schwarz geteert und auf dem Achterspiegel mit einem volltönenden Mädchennamen verziert. Der Schiffer wohnte mit seiner Familie in einer kleinen Kajüte. Ein langes, eisernes Ofenrohr mit kleinem, kegelförmigen Dach zeigte die Anwesenheit des Befehlshabers durch eine Rauchfahne an.

Offiziell beschäftigten sich diese Segler mit dem Transport von Brennholz, schön sauber geschnittenen und gespaltenen Birkenscheiten aus den unendlichen Wäldern Finnlands, das sozusagen gegenüber lag.

Inoffiziell dagegen wurde Schnaps geschmuggelt, denn Finnland hatte im alten Zarenreich eine gewisse Autonomie, und der Sprit war dort wesentlich billiger. Eine zahlreiche, gut ausgerüstete Grenzwache versuchte diesem Schmuggel recht und schlecht beizukommen und die Übeltäter in flagranti zu erwischen.

In diesem immerwährenden Räuber- und Gendarm-Spiel hatten sich die Schmuggler eines Tages folgenden Trick ausgedacht. Wenn sie mit Schnaps gefüllte Blechkanister an Bord hatten und von der Grenzwache auf See gestellt wurden, warfen sie die Ladung über Bord. Da Sprit bedeutend leichter ist als Wasser, hätten die Kanister eigentlich schwimmen müssen. Das taten sie aber nicht, sondern gingen unter wie bleierne Enten. Sie waren nämlich unten mit großen Klumpen Steinsalz beschwert. Nach Tagen oder Wochen, wenn sich das grobe Salz im Wasser gelöst hatte, kamen sie still und friedlich wieder hoch und konnten ungestört eingesammelt werden.

Oder man hatte angeblich Fässer mit Petroleum an Bord. Die prüfende Grenzwache öffnete den Spund, führte an einem langen Draht ein Prüfgerät ein, mit dem sie im ganzen Faß herumfahren und Proben nehmen konnte. Überall nichts wie Petroleum! Die schlauen Esten hatten innen am Spundloch einen geschlossenen Gummischlauch befestigt, ihn mit Petroleum gefüllt und konnten zuversichtlich den Zöllern ins Gesicht blicken. Das Faß selber war natürlich mit Sprit gefüllt.

Die legale Fracht dieser Segler, das Birkenholz, diente zum Heizen für die sehr langen und recht kalten Winter. Geheizt wurde in großen, bis zur Decke reichenden Kachelöfen, wobei die Ofentüre so lange offenblieb, bis das brennende Holz sich in glühende Kohle verwandelt hatte. Dann wurde die Ofentüre und zugleich der Kamin geschlossen und der Ofen blieb bis zum nächsten Tage warm. Wurde der Schieber zum Kamin zu früh geschlossen, so bestand die Gefahr der Bildung von Kohlenmonoxid und damit Lebensgefahr. Man brachte also den Dienstboten, die diese Arbeit verrichteten, ein beträchtliches Vertrauen entgegen. Dennoch war diese unheimliche Gefahr ein beliebtes Gesprächsthema in einer an anderen Themen etwas armen Zeit.

Waren die Mädchen morgens mit dem Heizen beschäftigt, so oblag es ihnen abends, die Lampen aufzustellen. Zu diesem Zweck wurden alle Petroleumlampen in die Küche gebracht, dort aufgefüllt, die Glaszylinder mit einer runden Bürste gereinigt, die Dochte mit einer kleinen Schere glattgeschnitten, die Brenner gereinigt, angezündet, und dann wurden die Lampen auf die Zimmer verteilt. Wurde nun eines dieser Zimmer im Laufe des Abends zunächst nicht betreten und die Lampe war schlecht eingestellt, so blakte und rußte sie stundenlang still vor sich hin. Kam dann die Hausfrau zufällig in den Raum, wurde ihr buchstäblich schwarz vor Augen, und das Wegputzen des fettigöligen, überall liegenden schwarzen Rußes war ein zweifelhaftes Vergnügen. Machten wir Kinder unsere Hausarbeiten unter dem trauten Schein der über dem Tisch hängenden Petroleumlampe, so merkten wir zum Glück rasch, wenn es auf das weiße Papier schwarze Flocken zu schneien begann.

An die erste Wohnung, in der ich als Kind gewohnt

habe, kann ich mich kaum erinnern, gut hingegen an die zweite. Sie lag an der Dom-Promenade, einer mit schönen alten Kastanien bestandenen Allee. Da es ein Eckhaus war und die Seitenstraße im spitzen Winkel in die Allee einmündete, hatte das Haus die eigenwillige Gestalt eines offenen V. Im nach hinten offenen Winkel gab es einen Garten und einen kleinen Wintergarten. Das Eckzimmer zur Straße war durch ein Fenster abgeschrägt, so daß zwei stumpfe und zwei spitze Winkel entstanden. Die übrigen Räume bildeten zwei Flügel, zwischen denen das Eßzimmer lag. Es erhielt sein Licht indirekt durch den vorgelagerten Wintergarten. Der Eckraum zur Straße war das, was wir heute Wohnzimmer nennen würden und was im Baltikum »Saal« hieß, obwohl »Sälchen« noch eine starke Übertreibung gewesen wäre. Dort standen ein Flügel aus Palisanderholz und Möbel im Stil des Seconde Empire. Daran schloß sich das Boudoir meiner Mutter und auf der anderen Seite ein kleiner Empfangsraum.

Da im hohen Norden die Dämerung sehr lange dauert und die Beleuchtung, wie schon erwähnt, mit einigen Schwierigkeiten verknüpft war, pflegte meine Mutter von dem Moment an, wo es zum Lesen, zur Handarbeit oder zum Malen zu dunkel wurde, bis zum Einzug der Lampen durch diese drei Zimmer auf und ab zu gehen. Bei diesem Auf- und Abwandern an den immer dunkler werdenden Fenstern vorbei bis zu dem immer undeutlicher werdenden Flügel und wieder zurück habe ich meine Mutter oft begleitet. Manchmal setzte sie sich an den Flügel und versuchte zu spielen, aber es wurde selten mehr als die C-Dur-Tonleiter, denn so gut sie auch malte, Klavier spielte sie schlecht! Und wenn ich mich heute in der Dämmerung an unseren Flügel setze und versuche, die C-Dur-Tonleiter zu spielen, dann brauche ich gar nicht viel Phantasie, um mich selbst als kleinen Jungen und meine Mutter neben mir zu sehen.

Vor diesem Haus habe ich nach 50 Jahren wieder gestanden. Die Straße war jetzt asphaltiert, aber die Kastanien waren noch da wie damals. Vermutlich größer und mächtiger, sie schienen mir jedoch eher kleiner geworden zu sein, denn der eigene Maßstab, letztlich doch der Maßstab aller Dinge, hatte sich zu ihren Ungunsten verändert. Das Haus mit seinem schiefwinkeligen Eckzimmer stand unverändert da. Es war nur etwas schäbiger geworden, so wie Greise eben nicht mehr auf ihr Äußeres achten. Ich hätte klingeln und die Leute bitten können, die Wohnung wieder betreten zu dürfen, aber ich habe es nicht getan. Ich bedurfte des Beweises nicht, daß fünfzig Jahre ein Menschenalter sind.

Zu meiner Kinderzeit gehören zwei Hundeleben, die in meiner Erinnerung noch Gestalt haben, obwohl die beiden Vierbeiner schon längst in die ewigen Jagdgründe übergesiedelt sind. Der erste war ein Kurzhaar-Foxterrier, damals ein Modehund, wie er auf den Schallplatten »His Master's Voice« in den Trichter eines vorsintflutlichen Grammophons hineinlauschend verewigt ist. Er hörte auf den Namen Pieter und war ein ungewöhnlich temperamentvolles Tier. Sein Erz- und Erbfeind war ein etwas größerer Spitz aus der Nachbarschaft, mit dem er sich erbitterte und blutige Duelle lieferte. Eines Tages kam er wieder einmal, aus einem Dutzend Wunden blutend, nach Hause. Er wurde von meiner Mutter kunstgerecht verbunden, so daß er einem Wickel glich, aus dem nur Schnauze und vier Beine herausragten. So saß er am Fenster, tapferes Herz, das er war, und schaute zufrieden hinaus. Da sah er seinen Widersacher mit stolz erhobenem Ringelschwanz, leicht blessiert zwar, doch sichtlich triumphierend auf der Straße promenieren. Das sehen, mit einem kühnen Satz durch das Doppelfenster springen, daß die Scheiben splitternd durch die Gegend flogen, und auf den Feind stürzen, war die Sache eines Augenblicks. Die sorgfältige Bandagierung kam ihm bei diesem Revanchekampf als Schutzpanzer zugute, und er konnte einen einwandfreien Sieg davontragen, der ihn mit Genugtuung erfüllte. Die Freude meiner Mutter angesichts zweier zerbrochener Scheiben – und das im Winter – war ungeachtet der wiederhergestellten Ehre des Hauses erheblich geringer.

Ein anderes Mal wollte meine Mutter eine etwa einen Meter hohe gläserne Stielvase zu einer Freundin tragen und nahm Pieter auf dem Gang mit. Nun trug man damals nicht nur lange, bis auf den Boden reichende Röcke, sondern diese hatten noch eine Schleppe, die man normalerweise in die Hand nahm. Da meine Mutter aber in der Hand die lange Vase trug, ließ sie die Schleppe, wie schon ihr Name sagt, hinter sich herschleppen. Pieter sah das und kombinierte intelligent. Er biß sich im Ende der Schleppe fest und begann knurrend, mal nach links, mal nach rechts, rückwärts zu zerren. Dabei blieb er klug berechnend außerhalb der

Reichweite der Hände meiner Mutter. Was er aber, ähnlich wie manche Menschen, nicht berechnet hatte, war, daß Zorn zu vollkommen irrationalen Reaktionen führen kann. Nach einigen Minuten solchen unwürdigen Gezerres auf belebter Promenade faßte meine Mutter die lange Vase fest am Stiel und haute sie mit voller Wucht dem verdutzten Köter über den Schädel. In solchen Fällen ist es immer von Nutzen, die Größe der eventuell zur Anwendung kommenden Waffe des Gegners richtig einzuschätzen. Da war Pieter offenkundig überfordert.

Eines Tages wurden seine zahlreichen Eskapaden unerträglich, und er wurde einem befreundeten Offizier, einem Rittmeister der oben erwähnten Grenzwache, übergeben, wo man ihn inmitten von Pferden und Soldaten besser am Platze glaubte. Dort konnte er seine dummen Streiche natürlich auch nicht lassen und sprang beispielsweise mit einem kräftigen Satz hoch, um die Pferde in das Maul zu beißen. Für den daraufsitzenden Reiter war das keine reine Freude. Aber genannter Rittmeister, der selber ein ziemliches Rauhbein war, hatte an solchen Scherzen, angesichts des öden Dienstes, durchaus seine Freude. Und zwischen diesen beiden sich so ähnlichen Existenzen entspann sich eine innige Freundschaft, die dem armen Pieter schließlich zum Verhängnis wurde.

Der Rittmeister nahm seinen Hund auch mit, wenn er mit einem Segelkutter auf Schmuggeljagd war. Eines Tages nun kenterte der Kutter unweit der Küste und der Rittmeister und die paar Soldaten setzten sich, wie es sich gehört, auf das kieloben treibende Boot, um auf ihre Bergung zu warten. Den Hund hielt der Rittmeister auf dem Schoß, aber die Wellen, die etwa in Brusthöhe über das Boot rollten, drohten Pieter zu ertränken, während die Menschen oben noch gut Luft bekamen. Pieter, der einsah, daß man ihn nicht gut stundenlang in Kopfhöhe halten konnte, beschloß, an Land zu schwimmen. Er war auch schon fast am Ufer, vom gekenterten Boot noch gerade zu sehen, da glaubte der Rittmeister, der Hund würde in der starken Brandung umkommen und pfiff ihn zurück. Und hier zeigte Pieter seine wahrhaft preußische Natur. Obwohl ihm die Sinnlosigkeit des Befehls vollkommen klar war, kehrte er um und schwamm auf das gekenterte Boot zu. Er hat es nicht mehr erreicht.

Sein Nachfolger in unserem Haus war ein schwarzer irischer Setter mit einem schönen weißen Brustlatz, er hörte auf den Namen Robby und war ein sehr phlegmatisches Tier. Merkte er, daß die Hausbewohner nicht zur gewohnten Stunde aufstanden, so schloß er daraus, daß es Sonntag war, kam zu mir ins Zimmer ans Bett, um mich an den fälligen Sonntagsspaziergang zu erinnern. Da ich schon als Kind die Angewohnheit hatte, sehr weite einsame Spaziergänge zu machen, sahen meine Eltern es gerne, daß Robby mitging, denn er war mit seiner Größe und ruhigen Entschlossenheit ein durchaus zuverlässiger Schutz. Ich bin viel und weit mit ihm gewandert und habe dabei meist die üblichen Spazierwege gemieden, um Neuland zu erschließen. Und was ist für ein Kind nicht Neuland, zumal in einer so dünnbesiedelten Gegend, wie die Umgebung Revals es Anfang des Jahrhunderts war.

Im Winter liebte es Robby, im Wintergarten an

einem dort stehenden, mit Koks geheizten Kanonenöfchen zu schlafen und laut zu träumen. Hierbei geriet nun die mitträumende Rute meistens in innige Berührung mit dem fast auf Rotglut gebrachten Eisenöfchen, und ein infernalischer Gestank nach verbranntem Haar erfüllte den Raum. Aber, wie schon erwähnt, Robby war ein phlegmatischer Träumer und mußte selbst dann noch geweckt werden. Aber keineswegs paart sich Phlegma immer mit Dummheit. Robby lernte erstaunlich rasch, meinen Vater morgens ins Büro zu begleiten und alleine, allerdings auf Umwegen, nach Hause zu kommen, er holte ihn auch mittags wieder ab, wobei ihm die aus der Küche kommenden Gerüche als Uhr dienten.

Nicht nur im Umgang mit Hunden wuchsen wir Kinder, meine drei Jahre ältere Schwester und ich, heran, sondern auch zu Pferden bekamen wir ein engeres Verhältnis. Heute, wo das Pferd in Stadt und Land zum Luxustier für den Reitsport geworden ist, kann man sich kaum vorstellen, daß es damals das gesamte Straßenbild souverän beherrschte. Im Gegensatz zum Hund, der ein oft allzu abhängiges Verhältnis zum Menschen gewinnt, bleibt das Pferd immer auch seinem Herrn gegenüber auf Distanz bedacht. Vermutlich ist dieses Verhalten Ausdruck seiner überlegenen Kräfte.

Meines Vaters Beziehung zur Natur bestand vor allem darin, daß er es zeit seines Lebens nicht fertigbrachte, in der dienstfreien Zeit etwa zu Hause mit einem Buche zu sitzen. Im Sommer, zumal an den sehr langen nordischen Abenden, war es das Segeln auf den zahlreichen Yachten, die er nacheinander besaß, im

Winter, neben dem selteneren Eissegeln, das Schlittenfahren, was ihn beschäftigte. Wir hatten an seinen Vergnügungen mehr oder weniger begeistert teilzunehmen.

Sonntags gab es ein etwas festlicheres Mittagessen, zu dem des öfteren auch Speiseeis gemacht wurde. Dieses wurde in einem mit Kältemischung aus gestoßenem Eis und Salz gefüllten Holzeimer bereitet. Es mußte während des Gefrierprozesses von Hand mit einem Rührwerk gerührt werden. Zu diesem Geschäft stellte die Köchin meist mich an, da sie inzwischen mit dem sprichwörtlichen baltischen Kalbsbraten beschättigt war. (»... Kommen unverhofft Gäste und hat die Hausfrau nichts im Hause, so schneidet sie vom Kalbsbraten auf«. Kochbuch der Frau von Reddelin.) Zur Belohnung für die geleistete Arbeit durfte ich dann schon vor dem Essen den herausgezogenen Rührer ablecken.

Schon während das dergestalt bereitete Eis im Familienkreis verzehrt wurde, meldete sich von unten der Kutscher mit dem vorgefahrenen Schlitten. Eilends machte man sich fertig, der Kutscher ging zu Fuß nach Hause, und mein Vater »ergriff« buchstäblich »die Zügel«, eine Wendung, die heute jeden Sinn verloren hat. Meine Mutter fuhr nur sehr selten mit, wir Kinder aber »mußten«, meine Schwester gerne und ich äußerst widerstrebend. Besonders einen kleinen, einspännigen finnischen Schlitten haßte ich. Er war flach, hatte eine echte Bärenfelldecke, und man lag mehr darin als daß man saß. Wenn das ausgeruhte Pferd flott und freudig lief, die Schlittenbahn hart zusammengefahren und höckerig war, so wurde ich derart gerüttelt und geschüttelt, daß das Gehirn diese Behandlung bald mit einer Migräne beantwortete. An Migräne, einem Erbteil meiner Mutter, leide ich noch heute. Sie hat mir aber schon in der Kinderzeit viel Kummer gemacht. Für meinen Vater, der bis zu seinem Tode nie krank war, bedeutete jede Krankheit oder Unpäßlichkeit nur einen Mangel an Haltung und unverzeihliches Sichgehenlassen. Ich fror außerdem bei diesen sonntäglichen Ausflügen trotz schönster Bärenfelldecke wegen mangelnder Durchblutung ganz erbärmlich, und die zahllosen winterlichen Schlittenfahrten sind mir, ungeachtet der sicherlich vorhandenen, von mir aber nicht wahrgenommenen landschaftlichen Reize, in denkbar schlechtester Erinnerung geblieben.

Manchmal, wenn meine Mutter ausnahmsweise mitfuhr, wurde ein anderer Schlitten benutzt, den wir »Storchenbein« nannten. Er war aus Schmiedeeisen hoch gebaut und knallrot angestrichen, daher der recht passende Name. Und er wurde von zwei Pferden gezogen, die hinter sich von ihren Schultern bis zum Schlitten ein ebenfalls leuchtendrotes Netz trugen, mit Quasten an den Ecken verziert, das dazu diente, die von den Hufen mit ziemlicher Gewalt nach hinten geschleuderten Schneeballen von den Insassen fernzuhalten. Ein solcher mit vier Zügeln überkreuz gelenkter und rasch dahinfliegender Schlitten war sicher ein sehr schöner Anblick. Da ich aber selber leider nie Zuschauer, sondern passiv Beteiligter war, entging mir der ästhetische Genuß, während ich die Unannehmlichkeiten unmittelbar zu tragen hatte.

Im Sommer, etwa von Mai bis August, dienten die Pferde dazu, meinen Vater von unserem etwa 16 km von der Stadt entfernten, sehr einfachen Landhause, Datsche genannt, morgens zur Arbeit in die Stadt und nachmittags zurückzubringen. Sie zogen dann, vom Kutscher gelenkt, einen sogenannten Landauer und beförderten außer meinem Vater meist noch einige Bekannte. Die Straßen waren nicht geteert, und der Wagen rollte in einer unvorstellbaren Staubwolke dahin. Die Insassen trugen daher sogenannte Staubmäntel, während der Kutscher nach russischer Art in einen wattierten, eng gegürteten Mantel und flachen, steifen, lackierten Hut gekleidet, jedesmal schön weiß gepudert anlangte. Wir Kinder gingen nachmittags diesem Wagen gerne einige Kilometer entgegen, sahen ihn dann sich in Form einer hohen Staubwolke langsam nähern und fuhren, in dem riesigen Gefährt leicht untergebracht, wieder zurück.

Nach über 50 Jahren bin ich die gleiche Strecke mit dem Auto gefahren. Sie ist heute eine staubfreie, asphaltierte Straße, und was für das Kind damals die geheimnisvolle, unerforschte weite Welt war, erschien nun als lichter, nordischer Wald, der in wenigen Minuten ereignislos durchquert wurde.

Der Umkreis, in dem ich mich als Kind in Stadt und Land frei und ungefährdet bewegen konnte, zählte nach vielen Kilometern, und dieser Umkreis wurde intensiv erforscht und angeeignet. Für mich war das eine ungeheuer große Welt, voll von immer neuen Überraschungen und Wundern. Vergleiche ich damit das Leben der Kinder unserer heutigen Großstädte, so erscheint es arm, und es ist wohl auch arm. Ihre »Kinderwelt« ist viel, viel kleiner geworden, als unsere es war, eingeengt durch moderne Unsicherheiten, die der wachsende Verkehr, die steigende Kriminalität mit sich bringen. Und alle Ferienreisen mit den Eltern in »fremde Länder« ersetzen niemals den Reichtum an Abenteuern im »eigenen«, so naheliegenden heimatlichen Bezirk.

Im Alter von vielleicht sieben Jahren entdeckte ich mit einem guten Freund zusammen in der Stadt einen Keller, in dem Weine, die in Fässern importiert wurden, von einem etwas versoffenen Küfer auf Flaschen gezogen und mit schönen Etiketten und Kapseln versehen wurden. Für uns Jungen war dies außerordentlich geheimnisvoll, die weingeschwängerte Luft in diesem tiefen, dunklen Keller, die blitzenden Metallkapseln, das bunt bedruckte Papier und nicht zuletzt der schrullige alte Küfer. Es dauerte nicht lange, da fing dieser aus Spaß an, uns an den vielen Weinproben zu beteiligen, wozu wir uns nicht zweimal auffordern ließen. Unseren Eltern fiel zunächst nur auf, daß wir Kinder tagsüber oft unerklärlich müde waren. Dieses Vergnügen hätte wohl nicht so bald ein Ende gefunden, hätten nicht die Eltern meines Freundes eines festlichen Tages in Anwesenheit von Gästen ausnahmsweise als etwas ganz Besonderes auch ihm ganz, ganz wenig Sherry eingeschenkt. Er, der Kenner, ließ sich nach einer Kostprobe zum allgemeinen Erstaunen wie folgt vernehmen: »Der ist aber schlecht! Da trinken wir viel besseren.« Damit endete leider jäh meine früheste Begegnung mit dem edlen Rebensaft.

Von der Leidenschaft meines Vaters für das Segeln ist schon die Rede gewesen. Um dieses Thema dreht sich in meiner Erinnerung an die Zeit, als die Familie noch beieinander war, fast alles. Von Montag bis Mittwoch wurde die Segelpartie des vorangegangenen Wochenendes besprochen, von Donnerstag an die kommende geplant. Der Yachtclub mit allem Drum und Dran war für meinen Vater das Zentrum des geselligen Lebens. In Reval befand sich das Clubhaus auf einer befestigten künstlichen Insel im Hafen, zu der man nach Ruf oder Pfiff von Jürri, dem estnischen Faktotum, in einem kleinen Boot übergesetzt wurde. Das prominenteste Mitglied und der Protektor des Clubs war der Fürst Wolkonski, der in der Nähe der Stadt ein Schlößchen bewohnte, das heute ein Ferienheim ist. Seine guten Beziehungen zum Petersburger Hof bewirkten, daß der Club zum »kaiserlichen Yachtclub« ernannt wurde. Diese Ehre brachte es mit sich, daß die Clubfahne die Zarenkrone führen durfte. Sie krönte das Revaler Wappen mit den drei Leoparden in der rechten oberen Ecke des weißen Flaggengrunds, der ein blaues Kreuz trug. Diese Flagge war von Wichtigkeit, denn sie befreite von jeglicher Zollrevision, was besonders im Blick auf das nahe Finnland und seinen billigen Schnaps einige Bedeutung hatte. Mein Vater trug, so lange ich mich erinnern kann, stets Yachtclub-Uniform, einen blauen Zweireiher mit schwarzen Knöpfen, auf denen sich Wappen samt Krone befanden, mit Rangabzeichen aus schwarzen Litzen am Ärmel und Marinemützen mit einem Wappenschild aus Email. Im Sommer hatten diese Mützen einen weißen Deckel, den die Möven eigenartigerweise gern als Zielscheibe ihrer Schießkünste wählten.

Talleyrand hat gesagt: »Nur wer noch unter dem

alten Regime gelebt hat, weiß, wie süß das Leben sein kann.« Von Menschen meiner Generation wird dieser Spruch heute gern im Hinblick auf die Zeit vor 1914 angewandt. Aber ich meine, daß er auch in dieser sogenannten »glücklicheren« Epoche nur für wenige Gültigkeit hatte, und selbst das Bewußtsein »des süßen Lebens« dieser wenigen war oft höchst fragwürdig, denn es bestand zu einem großen Teil darin, daß sie das praktizierten, was die Engländer »practical jokes« nennen. Das bedeutet: Sie handelten auf Kosten eines Dritten und zu dessen Lasten, sie machten geistig oder materiell Unterlegene lächerlich. Das wirft auf den inneren Zustand dieser Gesellschaft ein bezeichnendes Licht. Von unzähligen derartigen Geschichten hier nur eine:

Unter den Mitgliedern des Clubs war auch ein reichsdeutscher Herr, der teils wegen dieser Tatsache, teils wegen seiner wirtschaftlichen Lage, teils auch wegen seines etwas harmlosen Gemütes am unteren Ende der Achtungsskala rangierte. Eines Tages wurde nun wieder ein Segelausflug des Clubs nach besagtem Schlößchen des Fürsten Wolkonski gemacht. Dort mußten die Yachten wegen ihres Tiefganges einige hundert Meter vom Ufer entfernt vor Anker gehen, und da man keine Beiboote mitgenommen hatte, wurden die Teilnehmer von Fischern, die ins Wasser hinauswateten, auf deren Schultern sitzend, an Land getragen. Alles war schon wohlbehalten am Ufer versammelt, um anschließend einen Imbiß einzunehmen, als besagter reichsdeutscher Herr als letzter, auf den Schultern eines hünenhaften Fischers sitzend, sich in Bewegung setzte. Kaum war er einige Schritte von der Yacht entfernt, da erscholl von der angeregten Gruppe am Ufer der Ruf: »Halt, einen Rubel, wenn du ihn ins Wasser wirfst!« Der Fischer blieb stehen und verzog den Mund zu einem breiten Grinsen. »Zwei Rubel, wenn du mich an Land bringst.« Der Fischer machte Anstalten, sich in Bewegung zu setzen. »Drei Rubel, wenn du ihn fallen läßt!« Nachdem diese Auktion sich eine Weile fortgesetzt hatte und mittlerweile die damals beachtliche Höhe von zehn Rubel erreicht hatte, sagte das Opfer: »Das ist ungerecht, ihr seid viele und teilt euch in die Summe, ich aber bin allein.« »Er hat recht«, sagte der reiche Konsul Gahlenbäck, »ich zahle allein 20 Rubel, wenn du ihn ins Wasser wirfst.« Der Fischer stand noch immer grinsend auf der Stelle. »Na, dann los, mir wird es zu teuer«, und unter heftigem Aufspritzen ging die Versteigerung zu Ende.

Als aber nach einem guten Frühstück mit Wodka die Herren in gleicher Weise auf den Schultern der »misera plebs« wieder zu ihren Schiffen schwankten und Konsul Gahlenbäck die rettenden Planken fast erreicht hatte, machte es einen gewaltigen Plumps, und er lag im Wasser. »Bist du verrückt geworden!« kam es unter Spucken und Sprudeln hervor. Der Mann aber, indem er sich dem Ufer zuwandte, sagte nur: »First at mir gegeben fünfzig Rubelchen« und stampfte davon.

Vielleicht weniger typisch für die Gesellschaft im allgemeinen als für die damalige Art des Umgangs zwischen Kollegen, ist eine kleine Episode aus dem Büro meines Vaters. Dort arbeitete unter anderen ein Kollege, der in hohem Maße die im Baltikum seltene und streng verpönte Eigenschaft persönlicher Eitelkeit besaß. Nicht nur, daß er in Nachahmung des Kaisers

Wilhelm seinen Schnurrbart mit Hilfe einer Bartbinde an den Enden schneidig gen Himmel zwirbelte, zu allem Überfluß ließ er ihn auch noch beim Friseur schwarz färben. Ihn der Lächerlichkeit preiszugeben, lag also nahe. In der dunklen Garderobe im Büro hing sein runder, steifer Hut, »Melone« genannt, wie man ihn heute noch in der Londoner City sieht, am Haken. Eines Tages brachte mein Vater heimlich eine schöne, lange Pfauenfeder mit, steckte sie ungesehen oben in besagten Hut und hängte diesen wieder an seinen Platz. In der Mittagspause nahm der Kollege in der dunklen Garderobe ahnungslos seinen Hut, setzte ihn auf und enteilte, selbstgefällig und seiner Schönheit bewußt, auf die Straße. Wie zu erwarten, trugen derartige Späße wenig zur Festigung eines kollegialen Verhältnisses bei.

Dieses Büro übrigens war eine Welt für sich. Nicht nur die dunkle Garderobe, auch alles übrige wirkte wie eine Illustration zu einem Roman von Dickens. Stehpulte, hohe Drehschemel, Gasbeleuchtung, Tintenfässer und Folianten schufen diese Atmosphäre. Unter Buchführung verstand man die Eintragung der Posten von Hand mit Feder und Tinte in dicke Bücher, und die Additionen wurden auf dem noch heute im Osten gebräuchlichen Rechenbrett, dem Abakus, vorgenommen. Alle Briefe wurden von Hand mit Kopiertinte geschrieben. Da es keine Schreibmaschine gab, ließen sich auch keine Durchschläge machen. So wurden von jedem herausgehenden Schriftstück Kopien ins sogenannte Kopierbuch gemacht. Das war ein dicker Wälzer mit durchnumerierten Seiten aus feinem, durchsichtigem Seidenpapier. Einwandfreie Kopien herzustellen war eine hohe Kunst. Die Briefköpfe waren mit kopierfähiger Farbe gedruckt, der Text, wie gesagt, mit Kopiertinte geschrieben, Stempel mußten sich ebenfalls kopieren lassen, und an all das erinnert heute nur noch der Kopierstift, von dem wohl kaum eine Stenotypistin noch weiß, warum er so genannt wird.

Um eine Kopie zu machen, wurde eine Seite des Kopierbuchs mittels eines flachen Pinsels mit Wasser angefeuchtet, genau richtig, nicht zu stark, sonst verlief nämlich die Schrift, nicht zu wenig, sonst wurde die Kopie zu blaß. Dann wurde der Brief unter die angefeuchtete Seite gelegt, nach oben mit einem wasserundurchlässigen Papier abgedeckt, das Ganze in die Kopierpresse gelegt und die Spindel mit voller Manneskraft zugedreht. Nach etwa zehn Minuten war dann die Schrift auf dem Seidenpapier schön klar zu lesen, ohne daß das Original Schaden gelitten hatte. Schon das erforderte einige Übung, aber der Gipfel war die Herstellung einer Kopie von der Kopie nach dem gleichen Verfahren. Ich beschreibe dies alles so liebevoll, weil ich einst dieses Metier selber erlernt und gerne ausgeübt habe. Übrigens war eine solche Kopie im durchnumerierten Kopierbuch ein schlüssiges Beweismittel vor Gericht, was ein moderner Maschinendurchschlag keineswegs ist, weil er sich notfalls auch fälschen läßt.

Wie schon erwähnt, wechselte mein Vater seine Yachten häufiger. Mit der jeweils verkauften ging auch das Inventar an den Käufer, und mit ihm der Flaggensatz. Dieser bestand aus den internationalen Signalflaggen und wurde natürlich von den Herren des Clubs beileibe nicht zum Signalisieren benutzt, was hätten sie schon signalisieren sollen, selbst wenn sie es gekonnt hätten. Von besonderen Angebern wurde zwar zuweilen der »Blaue Peter« gehißt, wenn sie vorhatten, nach Helsingfors, heute Helsinki, zu segeln. In Wirklichkeit aber wurden die Flaggen für einen ganz anderen Zweck gebraucht, nämlich um bei Besuchen des Zaren über die Toppen zu flaggen, was Vorschrift war.

Wenn also der Zar der Stadt und Flotte auf seiner Dampfyacht »Standart« einen Besuch abstattete und mein Vater wieder einmal ohne Flaggen war, dann mußte meine Mutter mit dem ganzen Haushalt an die Arbeit, um über Nacht den Satz aus einem wollenen Spezialflaggentuch zu nähen. Zu kaufen gab es sie in der für diesen Zweck notwendigen Größe nicht. So wurde denn die Nähmaschine, mit der Hand zu kurbeln, in den Wintergarten gebracht, die Mädchen und Kinder mit Scheren, Linealen und bunten Mustern angestellt und keine Mühe und Zeit gescheut, um rechtzeitig fertig zu werden. Die meisten dieser Flaggen hatten ein verhältnismäßig einfaches Muster. Nur mit einer war es wie verhext. Sie kostete allein fast so viel Arbeit wie der ganze Rest zusammen und hieß bei uns deshalb allgemein der »gelbe Teufel«. Sie war die Flagge »Y« im Signalsatz, aus schmalen gelben und roten schrägen Streifen zusammengesetzt. Einfach auf dieses widerspenstige Ding zu verzichten, da die Flaggen ja doch nur zum Schmuck benutzt wurden, kam niemanden in den Sinn. Lieber quälte man sich stundenlang ab, als daß man etwas unvollständig gemacht hätte, auch wenn der Sinn der Sache nur ein prinzipieller, kein materieller war. Es war dies für mich eine frühe Begegnung mit dem deutschen Perfektionismus, dem Richard Wagner die schöne Formulierung gegeben hat:

»Deutsch sein heißt, eine Sache um ihrer selbst willen tun«, der ich in aller Bescheidenheit die meine entgegenstellen möchte: »Fiat perfectio, pereat res publica.«

Der Zar kam verhältnismäßig häufig nach Reval, denn erstens lag im Sommer hier die russische Kriegsflotte und zweitens brauchte er bei diesen Besuchen sein eigenes Schiff nicht zu verlassen, und das war wichtig. Man hat das Zarentum einmal eine »durch Meuchelmord eingeschränkte Selbstherrschaft« genannt. Obwohl sehr viel mehr englische Könige als russische Zaren durch ihre Ermordung ihren Nachfolgern Platz gemacht haben, haben die Russen diese fragwürdige Methode des Regierungswechsels, rückständig wie sie waren, unpassenderweise in die moderne Zeit hinübergerettet. Nach der schon erwähnten Revolution von 1905 übersiedelte der letzte Zar mit seiner Familie vom Winterpalais in St. Petersburg in eine verhältnismäßig kleine Wohnung innerhalb des Schlosses von Zarskoje Sselo, was übersetzt Zarendorf heißt, wo er sich und die Seinen sicherer fühlte. Dieser letzte Zar aller Reußen, der schließlich mit Frau, Töchtern und Sohn ein tragisches Ende vor den Flinten des Exekutionskommandos in einem Keller in Jekaterinburg fand, war eigenartig kühl und distanziert. Seine Abdankung wirkte fast formlos, so als berühre sie ihn nicht. Die Menschen, mit Ausnahme seiner eigenen Familie, schienen ihn nicht zu interessieren, und dieser Kontaktmangel, mag er aus Unfähigkeit oder Hochmut entstanden sein, stieß seine Umgebung ab. Man war mißtrauisch und warf ihm Unzuverlässigkeit, ja Falschheit vor. Schließlich war er bei allen, auch den zarentreuen Schichten des Landes, so unbeliebt, daß sich 1917 bei seinem Sturz keine Hand zu seiner Rettung regte oder sich auch nur ein Wort der Sympathie gefunden hätte. Es war typisch für ihn, daß er es ablehnte, einen höheren militärischen Rang als den eines Obersten zu bekleiden, was ihm beim hohen Militär und der Aristokratie den Spitznamen »der kleine Oberst«, auf russisch polkownitschek, von polkownik = Oberst, eintrug. Seine Unfähigkeit und Indolenz hatten sich schon wie ein Omen bei seiner Krönung in Moskau gezeigt, als bei dem zu diesem Anlaß veranstalteten Volksfest infolge falscher Planung und einer ausbrechenden Panik einige tausend Menschen ums Leben kamen. Daß er dennoch den für diesen Abend angesetzten Hofball nicht absagen ließ, erregte in der Bevölkerung allgemeinen Unmut. Er war kein wirklich böser Mensch, aber er war von dem ihn erwartenden, unausweichlichen Martyrium so überzeugt, daß er von sich aus nichts unternahm, um es abzuwenden, sondern in einer gewissen trotzigen Passivität den erzreaktionären Kurs seines Vaters Alexander III., des »Zaren-Schutzmannes«, wie dieser genannt worden war, fortsetzte, ohne innerlich an einen wirklichen Erfolg zu glauben. So war er jeder stärkeren Natur gegenüber, insbesondere der Zarin – der hessischen Prinzessin Alice, die im Volksmund nur die »Njemka«, die Deutsche, hieß –, machtlos. Als sich herausstellte, daß sein nach vier Töchtern endlich geborener Sohn, der ausgerechnet während der schwersten Niederlage im Russisch-Japanischen Kriege zur Welt kam, ein unheilbar kranker Bluter war, bestärkte ihn das endgültig in seinem Märtyrerwahn.

Ich bin wohl einer der wenigen noch lebenden Menschen, die ihn persönlich gesehen haben, aber ich war damals ein Kind und konnte mir über seine Person überhaupt kein Urteil bilden, sondern war natürlich begeistert, die geheiligte, allmächtige Gestalt in Fleisch und Blut vor mir zu haben.

Betrachtet man die unglückliche Rolle, die dieser letzte Zar gespielt hat, so steht man wieder einmal vor der uralten Frage, inwieweit eine einzelne Persönlichkeit überhaupt den Lauf der Geschichte in dieser oder jener Richtung beeinflussen kann. Tolstoi hat bekanntlich in seinem Roman »Krieg und Frieden« diesem Problem viel Aufmerksamkeit gewidmet und ist zu dem Schluß gekommen, daß selbst die große geschichtliche Persönlichkeit, in seinem Falle Napoleon, nur Symbol und Ausdruck des Volkswillens, nie aber sein Schöpfer ist. Das würde beispielsweise bedeuten, daß etwa Wilhelm II. und Adolf Hitler nur Repräsentanten und Darsteller dessen waren, was das Volk dachte, empfand und wollte. Sie waren äußerst beliebt bis zu dem Moment, wo sich die Verfehltheit ihrer Politik herausstellte, nicht eigentlich ihrer eigenen Politik, sondern der des Volkswillens, der sehr wohl imstande ist, unglaubliche Fehler zu machen. Den im Rampenlicht stehenden Politikern bliebe nach dieser These nur ein sehr begrenzter Einfluß auf die Geschehnisse, mehr eine Wahl der Form als des Inhaltes.

So gesehen hätte also auch eine stärkere Persönlichkeit als der letzte Zar die politischen Verhältnisse den gesellschaftlichen und wirtschaftlichen Gegebenheiten bestenfalls nur anzupassen vermocht, diese ändern hätte auch sie nicht gekonnt. Die Gegebenheiten der Regierungszeit Nikolaus II., in den Jahren 1896 bis 1917, zeigen in vielem Analogien zu unserer heutigen Zeit und geben unserer Generation das Gefühl des »déjà vue«, was den jungen Rebellen unserer Tage so unverständlich bleiben muß. Die auffallendste Analogie sehe ich in der Tendenz, das Reale, Klare, Verständliche, Sinnvolle, Erprobte als erschöpft, überholt, wertlos zu empfinden und etwas Neues zu suchen, zu entwickeln und zu propagieren, das sich nicht aus dem Alten organisch und zwangsläufig entwickelt hat, sondern bewußt durch seine beabsichtigte, unorganische Neuheit schockieren soll, das »épatez le bourgeois« jener Tage und das »Happening« von heute sind sehr verwandte Parolen. Die Verschiebung vom Französischen zum Amerikanischen fällt hierbei auf.

Wie ich bereits sagte, lag im Sommer in der Bucht von Reval die russische Flotte, die sich nach dem Desaster des japanischen Krieges unter dem Admiral von Essen wieder im Aufbau befand. Da unter meinen Schulkameraden manche Söhne oder Neffen von Marineoffizieren waren, hatte ich als Junge Gelegenheit, die Kriegsschiffe zu besuchen, was natürlich ein herrlicher Spaß war. Heute, wo das große Schlachtschiff und der Panzerkreuzer von der Technik überholt, von den Meeren verschwunden sind, kann man sich das Bild äußerster geballter Kraft und Macht kaum noch vorstellen, die ein solches, in voller Fahrt und aus allen Rohren feuerndes, graues Ungetüm bot. Natürlich hatten wir in Reval auch häufig fremde Flottenbesuche, mit und ohne gekrönte Häupter, und die damals modernsten englischen Panzerkreuzer, die später in der Schlacht am Skagerrak mitkämpften, habe ich in ihrer ganzen drohenden Größe wenige Jahre vorher auf der Revaler Reede liegen sehen. Aus begreiflichen Gründen trauern gerade die Engländer diesen Schiffen ganz besonders nach.

Bei den fast täglichen sommerlichen Segelpartien bin ich unzählige Male an den langen nordischen Abenden zwischen den grauen Riesen herumgekreuzt und habe das feierliche Zeremoniell des Einholens der Flagge bei Sonnenuntergang miterlebt, wenn die Mannschaft auf dem Achterdeck angetreten war und die elegischen Trompetenklänge über das stille Wasser hinschwebten. Während mein Vater am Steuer blieb, hatte ich dann die Aufgabe, gleichzeitig mit der Flotte die Clubflagge einzuholen und kam mir dabei ungeheuer wichtig vor. Die alte russische Marineflagge war ein liegendes blaues Kreuz auf weißem Grunde, das Andreaskreuz, ernst und schlicht. Es wurde von Peter dem Großen eingeführt und war zugleich der höchste zaristische Orden. Im britischen Union-Jack steht es in roter Farbe als Emblem der Schotten.

Heute erscheint die Gegenwart einer sowjetischen Flotte im Mittelmeer als etwas ganz Neues und Ungewöhnliches. Dabei hat die russische Flotte eine 250-jährige Tradition, und wer die Sowjetunion kennt, weiß, daß Tradition dort ganz groß geschrieben wird. 1714 besiegten die Russen bei Hangö eine schwedische Flotte und 1827 bei Navarino in Griechenland eine türkische. Literaturbeflissene haben vielleicht die Reise um die Welt von Chamisso gelesen, die er auf der russischen Brigg »Rurik« 1815–1818 unternommen hat und die ihn bis in das damals noch unter russischem Einfluß stehende Kalifornien führte. Und dieser oder jener hat auch vielleicht die »Fregatte Pallada« von Gontscharow gelesen. Er war in den Jahren 1852–1853, während der zwangsweisen Öffnung der japanischen Vertragshäfen, an Bord jenes Schiffes. So ganz neu ist das alles also gar nicht, es ist nur ein wenig in Vergessenheit geraten.

Es wurde bereits erwähnt, daß die Balten, insbesondere nach der recht robusten Russifizierungspolitik unter Alexander III., ausgesprochen russophob geworden waren. Daß ich persönlich diesem Schicksal entgangen bin, verdanke ich meiner Mutter. Mein Großvater mütterlicherseits entstammte einer im Oberbergischen ansässigen Familie, die dort Textilunternehmen betrieb, und er selber war aktiver Rittmeister bei den Düsseldorfer Ulanen. Er war ein Hüne von Gestalt, hörte auf den gut preußischen Namen Friedrich Wilhelm, und in der Familie kursieren über ihn unzählige Geschichten. Während des Deutsch-Französischen Krieges von 1870, an dem er aktiv teilnahm, wurde er, wie es in einer in der Familie aufbewahrten und von Moltke unterzeichneten Urkunde hieß: »Wegen nächtlicher Erstürmung eines Nonnenklosters um ein Jahr im Avancement zurückversetzt.« Ein mildes Urteil, vielleicht haben die Nonnen Fürsprache eingelegt. Ein anderes Mal befand er sich, zur Zeit des Kulturkampfes, in Uniform auf der Mülheimer Schiffsbrücke, während die Fronleichnamsprozession vorüberzog. Da er keine Anstalten machte, zu salutieren, schlug ihm ein erboster Teilnehmer den Czako vom Kopf, der in hohem Bogen in den Rhein flog. Das konnte ein preußischer Offizier nicht auf sich sitzen lassen, und so packte er den verdutzten Übeltäter an Rockkragen und Hosenboden und beförderte ihn mit leichter Hand hinterher. Bald aber kamen ihm Bedenken, der Mann könne ertrinken, und kurz entschlossen sprang er ihm nach, um ihm, wenn nötig, beizustehen. Es ist allerdings möglich, daß nicht nur Menschenliebe und Verantwortungsbewußtsein im Spiele waren, sondern die nüchterne Überlegung, daß die aufgebrachte Menschenmenge ihn ohnehin hätte über Bord gehen lassen, und das unter viel unangenehmeren und für einen preußischen Offizier auch entwürdigerenden Umständen. Eine seltene Ausnahme bei der deutschen Unfähigkeit, etwas freiwillig zu tun, wozu man wenig später gezwungen werden wird.

Dieser eigenwillige Mann verlor nun beim sogenannten Gründerkrach, einer wirtschaftlichen Nachfolgewirkung des Siebzigerkrieges, sein Vermögen und mußte den Dienst quittieren. Vielleicht spielten auch andere Geschichten, ähnlich der obigen, eine Rolle, jedenfalls vertauschte er Czako und Litewka gegen Filzhut und Gehrock.

Er war also plötzlich Zivilist und da er, wie damals üblich und auch vornehm, Freimaurer war, halfen ihm seine Logenbrüder und verschafften ihm eine Stellung als Industrieverwalter in Rußland. Auf seinem ersten Platz in Russisch-Polen war seines Bleibens nicht lange, da die Bären, die er sich zum Zeitvertreib hielt, die Angewohnheit hatten, die zum Trocknen aufgehängte Wäsche der Besitzerin des Unternehmens aus spielerischem Übermut in Fetzen zu reißen. Und da mein

Großvater ganz offensichtlich mit den Bären sympathisierte, mußte er gehen. Immerhin wurde meine Mutter dort, in diesem kleinen polnischen Nest geboren. Die Familie zog anschließend nach Moskau und blieb dort, bis die Kinder die Schule beendet hatten. Diese Schule, die sogenannte Petri-Paul-Schule, war ein deutsches Institut der umfangreichen deutschen Kolonie, mußte aber natürlich einen sehr starken Akzent auf den russischen Sprachunterricht legen. Die ganze Umgebung einschließlich der Dienstboten sprach russisch, und so kam es, daß meine Mutter fließend und akzentfrei russisch sprach und allem Russischen gegenüber sehr aufgeschlossen blieb. Sie hieß mit Vornamen Margarethe, also Grethe, und ihr Vater Friedrich, sie ließ sich aber sehr gerne Margarita Feodorowna nennen, was äußerst russisch klang, mein Vater, als Germann Karlowitsch, konnte etwas Ähnliches nie schaffen.

Die vier Töchter und zwei Söhne dieser Familie hatten zum Teil recht originelle Spitznamen, die im internen Verkehr ausschließlich benutzt wurden. Drei Mädchen hießen Pleite, Schnute und Maus, letztere war meine Mutter, und ein Junge wurde Mensch genannt. Die »Pleite« Genannte – vielleicht eine Erinnerung an frühere Ereignisse – wurde Pianistin, heiratete einen Russen und blieb in Moskau. Ich war als Kind 1911 mit meiner Mutter einen Sommer auf ihrer Datsche bei Moskau und habe den Ort 1964 wieder besucht. Damals hatte er weit außerhalb der Stadt gelegen, inzwischen war das Häusermeer auf wenige Kilometer herangerückt. Dort ist die Tante »Pleite« mit ihrem Mann während des Bürgerkrieges gestorben. Der

»Mensch« genannte männliche Sproß machte sich einen Namen und erwarb ein beträchtliches Vermögen, als er sich in dem kurz zuvor eroberten Turkestan Erdölkonzessionen verschaffte und insbesondere den Baumwollanbau einführte. Auch sein Wirkungsfeld, die Gegend um Namangan und Ferghana, habe ich 1968 in Augenschein nehmen können.

Die russische »Schlagseite« meiner Mutter also brachte es mit sich, daß in unserem Hause die übliche Russophobie nicht mitgemacht wurde und ich verdanke ihr das, was ich heute im Alter nur als Objektivität bezeichnen kann.

Sie sorgte dafür, daß wir, im Baltikum sehr ungewöhnlich, ein russisches Kindermädchen bekamen, um uns an eine Sprache zu gewöhnen, die in der Stadt im allgemeinen nicht gesprochen wurde. Die Balten lernten vom Dienstpersonal meistens estnisch, die Sprache des Volkes, die mir auf diese Weise fremd geblieben ist. Überhaupt wuchsen wir ziemlich polyglott auf, denn auch mit Englisch, als dritter Sprache, wurden wir sehr früh vertraut. Da beide Eltern eine Zeitlang in England gelebt hatten, sprachen sie oft bei Tisch englisch, um von den Dienstboten nicht verstanden zu werden. Darüber hinaus brachte der Beruf meines Vaters öfters englische Schiffskapitäne oder Geschäftsfreunde ins Haus.

Mein Vater war zwar nicht ausschließlich, aber doch die längste Zeit seines Lebens, Spediteur. Allerdings hatte seine Beschäftigung mit Möbelspedition nichts zu tun. Er erhielt von den Verladern rechtzeitig die Frachtbriefe über die Schiffsladungen, nahm dann die Waren in Empfang, verzollte sie ordnungsgemäß, lud sie entweder auf die Bahn um oder lagerte sie zur Verfügung des Empfängers ein. Zu jener Zeit bestand der Hauptposten aus Rohbaumwolle für die zahlreichen und sehr leistungsfähigen russischen Textilunternehmen, besonders im Moskauer Raum, auch Chemikalien und Maschinen. Zuweilen waren aber auch kleinere, zweifelhaftere Empfänger darunter, denen er die Ware erst nach Eingang der Zahlung aushändigen durfte. Das war nicht immer ganz einfach. Von ihm habe ich den Satz: »Man soll nie gutes Geld dem schlechten nachwerfen.« Wüßte man nur immer, was gutes und was schlechtes Geld ist!

Die sonntäglichen Besuche vor dem Mittagessen auf den im Hafen liegenden Schiffen zusammen mit meinem Vater liebte ich sehr. Diesen typischen Geruch nach heißem Maschinenöl, der Dampfschiffen eigen war, habe ich noch heute in der Nase, er ist zusammen mit dem ruhigen Atmen einer auf Fahrt befindlichen Dampfmaschine durch den Dieselmotor und dessen lufterschütterndes Gedröhn von den sieben Meeren verdrängt worden. Während mein Vater und die Seeleute sich an die guten, zollfreien Spirituosen hielten, bekamen wir Kinder aus einer runden Blechbüchse Prince-Albert-Keks, die weniger gut schmeckten, als daß sie fremdländisch und interessant waren. Einer dieser Kapitäne, der alte Owen, war – bei Engländern nicht selten – tätig religiös und stellte seine Mannschaft nach Stimme und Singfähigkeit zusammen, um seine sonntäglichen Andachten durch schönen Chorgesang zu beleben. Bei ihm hörte ich zum ersten Male die nicht schleppenden, sondern marschartig anfeuernden englischen Choräle. Diesem Manne hatte es das Schicksal bestimmt, während des ersten Weltkrieges mit seinem Schiff in Scapa Flow für die englische Marine einen Tingeltangel zu unterhalten. Er tat, »right or wrong, my country«, seine Pflicht, überlebte aber die Schmach nicht mehr sehr lange. Wenn, wie schon verschiedentlich erwähnt, unsere Welt damals weiter und offener war als unter vergleichbaren Umständen heute, so war sie in einer anderen Beziehung auch sehr viel enger. Damit meine ich die Tatsache, daß es damals die heutige »Konsumwirtschaft« noch nicht gab und das Leben deshalb in vielem ganz anders aussah.

Benötigte jemand in der Familie Stiefel – Halbschuhe wurden damals noch nicht getragen –, so ging er zum Schuster, der ihm nach Maß das Gewünschte anfertigte. Schuhläden gab es nicht, und mein erstes fertiges Paar war amerikanischen Ursprungs. Ich erhielt es Ende des Ersten Weltkrieges. Zwar gab es in Petersburg eine Fabrik, die Schuhwerk herstellte, doch war die Produktion von sehr bescheidenem Umfang. Sie drang nicht bis zur Provinzstadt Reval. Wollte man einen Anzug haben, so ging man zum Schneider, brauchte man Wäsche, so wurde sie im Hause angefertigt, sollten Möbel angeschafft werden, so war der Tischler zuständig, ein Mann also, der Tische machte. Und so weiter und so fort. Kürzlich las ich, daß man heute auf der Deutschen Bootsausstellung in Hamburg sogar hochseetüchtige Yachten von der Stange kaufen kann. Mein Vater ließ sich die seinigen auf der Bootswerft von Eggers bauen, und die monatelangen Diskussionen über Entwurf und Ausführung, die allwöchentlichen Besuche in dem herrlich nach Holz und Ölfarbe duftenden Schuppen, wo die Pläne langsam Gestalt annahmen, der anschließende steife Grog im kleinen Büro des Erbauers, all das war bestimmt nicht der schlechteste Teil des Vergnügens. Auf der gleichen Werft wurde sogar ein Rodelschlitten für mich nach norwegischen Mustern entworfen und gebaut. Ich bin mit ihm in voller Fahrt gegen manchen Baum gerannt, er war genauso widerstandsfähig wie mein Schädel.

Es gab wenig Läden, und sie verkauften nur, was unbedingt fabrikmäßig angefertigt werden mußte. Selbst Uhren waren noch bestellte Handarbeit. Ich besitze noch eine Taschenuhr meines Großvaters väterlicherseits, die vom Uhrmacher eigens für ihn angefertigt worden war. Als ich Kriegsgefangener war bei den Amerikanern im berüchtigten Lager Remagen, wollte ein GI sie mir nach gutem Kriegsrecht abnehmen, ließ sie mir aber, als ich ihm ihre Geschichte erzählt hatte. Er tat es nicht gerne, denn das seltene Stück reizte ihn natürlich, aber es gelang mir, ihn in seiner Sprache zu überreden. Fremde Sprachen haben nur dann einen Sinn, wenn man sie wirklich beherrscht.

In der Stadt Reval etwa über die Langstraße zu bummeln, um sich Schaufenster anzusehen, wäre niemand eingefallen. Da gab es den Buchladen von Kluge und Ström, der überhaupt keine Auslage hatte, denn unter welchen Gesichtspunkten sollte man Bücher ausstellen, doch nicht etwa nach der Schönheit der Einbände! Dann gab es die Konditorei von Stude, in deren Fenstern zwar sehr leckere Törtchen, von uns Kuchen genannt, zu sehen waren, die aber keineswegs überraschen konnten, denn sie waren von denen, die vor fünf Jahren dort gelegen hatten, optisch nicht zu unterscheiden und waren, wenn auch unleugbar ganz vorzüglich im Geschmack, so doch auch nicht besser als ihre Vorgänger. Was von diesen Törtchen bis zum Abend nicht verkauft oder verzehrt war, wurde des Nachts durch den Wolf gedreht, zu flachen Fladen geformt, leicht angebacken und dann am nächsten Morgen für fünf Kopeken das Stück unter der für westfälische Ohren irreführenden Bezeichnung »Pumpernickel« verkauft. Ihre Zusammensetzung variierte also von Tag zu Tag, und wir Schüler beteiligten uns oft und gerne an dieser preiswerten gastronomischen Lotterie.

Schließlich gab es noch den Juwelierladen von Kopf, dessen glitzernde Pracht aber auch eher unter der Devise »Glühwürmchen« zu subsummieren war, denn wenn schon einmal ein Balte auf den Gedanken gekommen wäre, seiner Freundin oder vielleicht sogar seiner Frau Brillanten zu schenken, so wäre er nach Petersburg gefahren, wo bekanntlich der Hofjuwelier Fabergé Weltruhm hatte und wieder hat. Schließlich gab es dort noch den Friseursalon – natürlich nur für Herren, Damen frisierten ihr langes Haar selber –, der zum Stadtgespräch wurde, als man dort nach schwedischem Muster Damenbedienung einführte. Als mein Vater, fortschrittlich wie er war, das Selbstrasieren mit Messer, Pinsel und Seife aufgab und sich hinfort »schwedisch« rasieren ließ, wurde das als erster und folgenschwerer Schritt auf dem Wege zu einem lasterhaften Leben betrachtet und in der Stadt von den nicht ganz so mutigen Ehemännern teils mit Neid, teils mit Zorn kommentiert.

Lebensmittel wurden im wesentlichen auf dem Markt gekauft, und die Käufer wiegten sich in dem Glauben, das jeweils Beste und Preiswerteste gefunden und erworben zu haben. Es war, wenn schon keine soziale, so doch insofern eine freie Marktwirtschaft, als jeder frei war, jeden übers Ohr zu hauen, soweit man sich das gefallen ließ. Jedenfalls waren lange und tiefschürfende Gespräche über die Qualität und die Preise der Viktualien bei Tisch üblich und beliebt, die, dem optimistischen Grundzug der Zeit folgend, meistens in der Feststellung gipfelten, daß die Strömlinge noch nie so gut gewesen wären wie heute. Morgens erschien die Köchin bei meiner Mutter, um mit ihr das Menü des Tages zu besprechen und anschließend die beschlossenen Ingredienzien auf dem Markt zu besorgen. Damit war die Hausarbeit für meine Mutter beendet, und sie konnte sich ihren restlichen Pflichten zuwenden.

Morgens und abends summte bei Tisch der leise kochende Samowar links neben der Hausfrau, den jeweils »aufzustellen«, wie der Vorgang genannt wurde, eine lange und mühselige Operation war. Zunächst wurde Birkenholz, mit dem ja auch der Herd geheizt wurde, in kleine Späne geschnitten und der Samowar damit beschickt. Dann wurde er durch ein Ofenrohr am Kamin angeschlossen und angezündet. Brannte das Holz, so wurden langsam nach und nach Holzkohlen aufgelegt, bis schließlich das Wasser über den glühenden Kohlen zu kochen anfing. Dann kam der Samowar auf den Tisch und durfte keinerlei Rauch mehr entwickeln, mußte aber noch eine gute Stunde oder mehr leise vor sich hin kochen. Mit Holzkohlen wurden auch die Bügeleisen beheizt, die wie kleine Eisbrecher aussahen und an ihrem Bug oben einen kleinen, lustigen Schornstein hatten.

Ich empfehle allen, die gegen die moderne Technik sind und für die gute alte Zeit schwärmen, eigenhändig einen Samowar »aufzustellen«. Denn es ist doch so: damals hatte man zwar keine Technik, dafür hatte man aber Dienstboten. Soweit man in der Wahl seiner Eltern vorsichtig gewesen war, brauchte man den Mangel an technischen Erleichterungen nicht zu empfinden, denn die dienstbaren Geister erledigten die lästigen Tätigkeiten ganz selbstverständlich für einen. Wenn man jedoch heute ohne Dienstboten einen Lebensstil aufrechterhalten will, der eine verunglückte Kopie desjenigen ist, den meine Eltern und Großeltern noch pflegen konnten, so stimmt das einfach nicht mehr. Denn technische Hilfsmittel im Hause sind kein vollwertiger Ersatz für dienendes Personal. Daran ändern auch Spülmaschinen nichts. Wenn man aber am Ende gar heute noch einen Tisch deckt, wie er weiland bei meiner Großmutter zu einer sogenannten »Abfütterung« gedeckt wurde, zum Teil sogar mit den gleichen im Familienbesitz verbliebenen Sachen, um dann anschließend bis in die frühen Morgenstunden in der Küche einen Berg von Geschirr abwaschen zu müssen, so halte ich das für absurd. Das besorgten eben früher die Mädchen, während sich die Herrschaften im Salon bei Konfekt und Zigarren unterhielten. Da dieser zweite Teil des Festes heute ohnehin fortfällt, sollte man endlich auch den ersten umgestalten. Oder man sollte wenigstens dem 19. Jahrhundert nicht mehr Heuchelei vorwerfen, als man täglich zu begehen selber bereit ist. Freilich ändern sich mit dem Stil auch die Sitten, und es wäre um die Seelenruhe meiner auf verschiedenen Friedhöfen beigesetzten Eltern und Großeltern vermutlich geschehen, wenn sie wüßten, daß ich nicht nur beim Frühstück, sondern auch am Mittag und am Abend beim Essen die Zeitung lese.

Es ist nichts Neues, daß die unteren Klassen sich bemühen, den Lebensstil der oberen Klassen, so gut es geht, zu imitieren. In diesem Sinne ist das Bestreben der Arbeiter, bei sich zu Hause und sonntags auf der Straße dem Bürgertum von anno dazumal nachzueifern, ein bekannter und auch legitimer Vorgang, in der Sowjetunion besonders deutlich zu beobachten. Das geht bekanntlich so weit, daß für die sowjetischen Weltraumflieger in ihrer Kapsel Sojus 5 und 6 ein Plüschsofa und Tüllgardinen vor den Bullaugen zum Meublement gehörten.

Beim umgekehrten Phänomen, den Veränderungen im Leben der oberen Klassen, geht es aber nicht um eine Imitation, sondern um den Versuch einer Verschleierung des Absinkens nach unten. Typisch für die spätkapitalistische Welt ist die zahlenmäßige Verringerung einer wirklichen Oberschicht. Alle Statistiken zeigen nur zu deutlich, daß auf der einen Seite immer weniger Menschen größere Vermögen besitzen, auf der anderen Seite immer breitere Schichten zwar ihren Lebensstandard laufend erhöhen, aber insgesamt doch eben am unteren Ende dieser angehobenen Skala bleiben. Und diejenigen, die den Anschluß nach oben nicht schaffen, zum allergrößten Teil auch nicht schaffen können, versuchen nun eine Lebensweise beizubehalten, die ihre Eltern und Großeltern als »gehobenes

Bürgertum« einmal entwickelt haben. Zwischen diesem unbeholfenen Festhalten und dem mühsamen Aufrechterhalten einer überlieferten Lebensform, die sich selbst überlebt hat, sucht ein neuer Typus, sucht die »technische Intelligenz« nach ihrem spezifischen Lebensstil. Und wenn man davon ausgeht, daß die Kultur des 18. Jahrhunderts weitgehend vom Adel bestimmt wurde, die des 19. vom besitzenden Bürgertum, so kann man annehmen, daß die Kultur der Zukunft davon abhängt, wieweit es dieser »technischen Intelligenz« gelingt, eine überzeugende und konsequente, ihren Bedürfnissen und Lebensbedingungen angemessene Lebensart zu finden. Vieles von den Unruhen der heutigen Tage ist auf diesen Übergang zurückzuführen, und es ist kein Zufall, daß es dort, wo diese »technische Intelligenz« innerhalb der Gesellschaft am meisten an Geltung gewonnen hat, am ruhigsten ist.

Doch zurück zum Reval vom Anfang des Jahrhunderts. Als das schulpflichtige Alter herannahte, standen für mich zwei Anstalten zur Wahl: die Realschule und die sogenannte Ritter- und Domschule. Die erstere war weitgehend russifiziert, was sich nicht nur in der Zusammensetzung des Unterrichts erkennen ließ, sondern auch in der von den Russen übernommenen Vorschrift, Uniform tragen zu müssen. Das vorrevolutionäre Rußland war ja überhaupt das Land der Uniformen, der Zivilist war ein Bürger zweiter Klasse. Daher trug mein Vater, wie ich schon erzählte, stets die Clubuniform, die als »gleichberechtigt« anerkannt wurde. Sonst trugen Uniformen: das Militär und die

Marine, alle Beamten, ganz gleichgültig, wo und wie tätig, also Juristen, Verwaltungsbeamte, Lehrer, Steuerbeamte, alle ohne Ausnahme, die vom Staat bezahlt wurden, darüber hinaus alle Schüler, auch Mädchen und Studenten. Es gab die Rangtabelle mit über einem Dutzend von Dienstgraden, den Abzeichen auf den Kragenspiegeln und genau vorgeschriebenen Anreden. Es gab vorgeschriebene Paradeuniformen für festliche Anlässe, zum Teil sogar für die Schulen. Die Jungen hatten Röcke, Mäntel und Mützen von militärischem Schnitt, mit blanken Knöpfen und ein wenig Lametta, Mädchen Kleider aus vorgeschriebenem Wollstoff in verschiedenen Farben, je nach der Schule, schwarze Schürzen und weiße Manschetten und Kragen. Bei festlichen Anlässen trugen die Jungen weiße Handschuhe, die Mädchen erschienen ohne Schürzen und durften Kragen und Manschetten mit Spitzen verzieren. Wenn auf Schulbällen dann bei alten Figurentänzen die ganze Jugend einheitlich gekleidet auftrat, war dies ein schönes Bild, das bei der heutigen Schuljugend einiges Erstaunen hervorrufen würde. Darüber hinaus hatte es den gewaltigen Vorteil, daß Arm und Reich sich während und nach dem Unterricht in der Kleidung nicht unterscheiden konnten. Von meinem dreizehnten bis achtzehnten Lebensjahr habe auch ich diese Kleidung getragen.

Zunächst aber entschied man sich bei mir für die Ritter- und Domschule, und hier war alles anders. Diese Schule, die bis 1939 bestanden hat, war eine der ältesten, wenn nicht die älteste Schule der Welt. Sie war, wie die meisten Domschulen des deutschen Sprachraums, im Mittelalter als Lateinschule gegründet worden. Gute Kenntnisse des Lateins waren damals die Voraussetzung für jede Karriere in Verwaltung, Kirche und Wissenschaft, und dieses Schwergewicht auf dem Lateinischen hatte sich in der Domschule bis in meine Tage erhalten. Der Primus mußte bei der Schlußfeier zum Abitur frei, zwanzig Minuten lang, eine lateinische Rede halten, eine Leistung, die heute wohl in der ganzen Welt sehr selten geworden sein dürfte.

Um uns gegen alles Russische recht deutlich abzusetzen, trugen wir Domschüler Zivil und Schülermützen, wie sie damals in Deutschland üblich waren. Sie ähnelten den bunten Mützen der heutigen Korporationen. Diese Mützen waren natürlich eine Herausforderung und sollten es auch sein. Wurde bei irgendwelchen feierlichen Anlässen die Zarenhymne gespielt, so war es Ehrensache, daß die Primaner hierbei ihre Mützen aufbehielten, wofür sie dann ein bis zwei Tage Karzer bekamen, denn selbstverständlich verfügte das jahrhundertealte Gebäude über ein solches Lokal. Der Pedell, der nach uralter Tradition auf den Namen »Knalli« hörte, sorgte dann, mehr offen als heimlich, für das Wohl seiner Inhaftierten.

Ich konnte das alte Gemäuer meiner ersten Schule 1964 wiedersehen. Es war noch immer eine Schule, wenn auch natürlich nicht mehr die deutsche Domschule. Selbst die alten Bänke standen noch, auf denen ich einst gesessen hatte, verziert mit den eingekerbten Namen all der bekannten baltischen Familien.

Die Domschule befand sich, wie schon ihr Name sagt, neben der Domkirche auf dem Domberg. In besagter Domkirche, die 1964, wie man dortzulande heute sagt, noch »in Betrieb« war, befanden sich früher an den Wänden, dicht bei dicht, die etwa mannshohen, in Holz gearbeiteten, schön bemalten und vergoldeten Familienwappen der baltischen Adelsgeschlechter. Als mir nun bei meinem letzten Besuch die estnische Führerin den Dom zeigte, wies sie auf das übriggebliebene runde Drittel der schön restaurierten Wappen an den Wänden und sagte: »Die Wappen, die man bei der Umsiedlung 1939/40 nach Deutschland mitgenommen hat, werden heute wohl auf irgendwelchen Speichern verstauben, denn wo sollte man die Dinger in einer modernen, kleinen Wohnung aufstellen! Hätte man sie hiergelassen, so wären sie, wie Sie selber sehen, am alten Platz gepflegt und geachtet worden.« Das Mädchen hatte recht. So wie alte Bäume soll man auch alte Wappen nicht verpflanzen.

Neben der Domkirche waren es die Nikolai-Kirche und die Olai-Kirche, die man besuchte. In der ersteren befand sich ein Original-Totentanz des Lübecker Bernt Notke. Es wurde im letzten Kriege beschädigt und befindet sich heute in Tallinn im Museum. Darüber hinaus waren die Wände mit erbaulichen Bildern nebst Sprüchen verziert, die ich während den ziemlich langweiligen Gottesdiensten mit Interesse studierte. Eines davon behandelte die Reise Jakobs zu seinem Sohn Joseph nach Ägypten, wo dieser bekanntlich, nach einigen etwas zwielichtigen Affären, zum brain-trust des Pharao gehörte und sich beachtlichen Wohlstands erfreute. Der Spruch lautete:

Jakob zu dem Joseph reist,
der ihn in der Teu'rung speist.
Eines Vaters treues Kind
überall sein Brot wohl find'.

Die Illustration zu diesem moralisierenden, wenn auch nicht grundsätzlich falschen Spruch zeigte Jakob in einer Troika sitzend, mit Schellengeklingel in flottem Trab durch eine tiefverschneite Landschaft seinem Ziele entgegeneilend. Nach Vorstellung des Malers war Joseph nicht nach Ägypten verkauft worden, sondern nach St. Petersburg, und dort bei der Finanzverwaltung zu einigem Ansehen gelangt.

Die Olai-Kirche, in strenger Gotik erbaut, besaß einen sehr hohen und schlanken Turm, dessen kupfergrüner Helm als höchster Punkt der Stadt weit über See sichtbar war. Olai stand für St. Olaf und unterstrich die kulturelle Zugehörigkeit zum nordischen Raum. Eine Sage erzählt, daß der Erbauer der Kirche in der Neujahrsnacht als kleines, buckliges Männchen durch die Straßen der Stadt gehe und die Passanten frage, ob die Kirche nun fertig sei. Diese Frage muß unbedingt verneint werden, denn sobald der Bau als endgültig abgeschlossen zu betrachten ist, soll der »Obere See«, ein recht großes Gewässer oberhalb der Stadt, überlaufen und Mann und Roß ertränken. Ähnliche Erzählungen gibt es vielerorts, ihnen allen gemeinsam ist die Erfahrung, daß endgültiger Abschluß auch endgültiges Ende bedeutet.

Als vierte größere Kirche besaß die Stadt eine orthodoxe Kathedrale. Sie befand sich oben auf dem Domberg, bewußt so plaziert, daß sie von überall zu sehen war. Mit ihren damals goldenen fünf Zwiebelkuppeln funkelte und gleißte sie zwischen den dezent patinierten grünen Kupferhelmen der deutschen Gotteshäuser und den roten Ziegeldächern der Altstadt. Während der Russifizierung unter Alexander III. setzte die Regierung in alle ihre zahlreichen nicht orthodoxen Provinzen solche Kirchen an die markantesten Punkte der Städte, wo sie ihren Zweck, die Bevölkerung zu ärgern, vortrefflich erfüllten. Sogar das erzkatholische Warschau hatte vor dem ersten Weltkrieg eine solche Kathedrale, die im letzten Krieg mit dem Rest der Stadt in Schutt und Asche sank. Dafür erfreut heute der von Stalin gestiftete Kulturpalast das Herz der Einwohner. Auch das ein kleiner Beitrag zum Problem der Kontinuität russischer Politik, das dem Leser noch häufiger begegnen wird.

Der uralten Tradition und der mittelalterlichen Umgebung ungeachtet, war die Dom-Schule eigentlich nicht schlecht. Der Direktor war ein Theologe von, nach damaligen Ansichten, durchaus liberaler Einstellung, und manche Lehrer waren jung und modern. Nach russischem Brauch wurden sie ausschließlich mit Spitznamen wie Petz, Walroß, Agrippa, Phibo bezeichnet, Namen, deren Entstehung sich für uns Kinder in grauer Vorzeit verlor. Der Unterricht erfolgte in deutscher Sprache, Russisch wurde jedoch als wichtigste moderne Fremdsprache behandelt, denn das Abitur mußte laut Vorschrift in allen Fächern in Russisch abgelegt werden, wobei man allerdings recht großzügig verfuhr. Unter diesen Umständen hatte der Russisch-Lehrer eine ganz besondere Stellung inne. Dieser Mann, der auf den Namen Skorodumow, deutsch mit »Schnelldenker« zu übersetzen, hörte, und Skorjka genannt wurde, befand sich, wie die Dinge lagen, ständig in der Defensive. Und um sich durchzusetzen, war er gründlicher, genauer, pünktlicher, korrekter und sauberer als jeder Überpreuße. Er erschien nicht in Uniform, denn es war ja eine deutsche Schule, sondern in einem blitzsauberen schwarzen Gehrock mit seidenem Revers, mit gepflegtem Bart und Haar und manikürten Händen, bewegte sich ruhig, gemessen und bestimmt und wurde von uns Schülern gefürchtet und geachtet. Er verlangte, die für ihn bestimmten Hefte fein säuberlich in ein besonderes Umschlagpapier einzuschlagen, die Namen in genau vorgeschriebener Schrift daraufzumalen und setzte das, so unglaublich das heute klingen mag, auch durch. Gab man ihm ein Heft ab, das an irgendeiner Stelle auch nur leicht geknickt war, von Flecken ganz zu schweigen, so gab er es ohne Kommentar zurück und notierte eine »Eins«, was in Rußland die schlechteste Note war und noch ist. Fünf dagegen ist die beste.

Wenn es gilt, können Russen bezüglich Sauberkeit, Ordnung, Pünktlichkeit und Zuverlässigkeit manchen Ordnungsapostel in Erstaunen versetzen. In den meisten Fällen sind sie nur über die prinzipielle Notwendigkeit solchen Verhaltens anderer Meinung, und hier entsteht dann die weitverbreitete, irrige Vorstellung von der generellen Unfähigkeit der Russen zu diesen edlen Tugenden. Was die überall und zu jeder Zeit üblichen Schülerstreiche angeht, so zeichneten sie sich nicht durch besondere Originalität aus. Nur wo die besonderen Umstände nachhalfen, wichen sie von Routinespäßen ab.

So fing jeder Schultag mit einer etwa eine Viertelstunde dauernden Andacht in der Aula an, bei der der Direktor, der ja Theologe war, eine kurze Ansprache hielt. Diese Ansprache wurde von Choralgesang umrahmt, den wir auswendig vornehmen mußten. Für diesen musikalisch-religiösen Teil war eine kleine Orgel vorhanden, die von einem Primaner, meistens einem dafür prädestinierten Pastorensohn, gespielt wurde. Auf der anderen Seite trat, für den Spieler unsichtbar, der Pedell die Bälge, nach alter Väter Sitte. Eingehende und unbemerkte Inspektion der Technik dieser Apparatur hatte uns die Stelle gezeigt, wo sich das Ventil befand, welches die Luft in die Pfeifen leitete. Dieses wurde nun heimlich mit Kitt verstopft, was zu folgenden Konsequenzen führte: Während der Pedell mit Macht in die Bälge trat, die sich prall und praller füllten, griff der Organist, der ihn nicht sehen konnte, in die vollen Tasten, ohne daß diesen doppelten Anstrengungen Töne folgten. Nach einigen Minuten qualvollen und betretenen Schweigens stieg einer der Lehrer auf einen Stuhl, um die offensichtlich beim Kollegium nicht ganz unbekannte Ursache der Störung zu beseitigen. Das gelang ihm auch verhältnismäßig schnell, doch leider hatte der Spieler zwar die Hände in den Schoß gelegt, nicht aber die Füße von den Pedalen genommen. So bahnte sich der Überdruck donnernd durch unharmonisch vereinte Baßröhren einen Weg ins Freie, der Andacht viel von ihrer Feierlichkeit raubend.

Ein anderer, auch nur unter den dort obwaltenden Umständen möglicher Streich spielte sich wie folgt ab: Wenn die Decken in den Klassenräumen gelegentlich wieder geweißt waren, benutzten wir unsere im dortigen Klima üblichen und notwendigen Gummischuhe, Galoschen genannt, zu folgendem Spaß: Sie wurden, leicht angeschmutzt, so gegen die Decke geworfen, daß die schön profilierten Sohlen Spuren hinterließen, als wäre jemand, Kopf nach unten, dort oben entlanggegangen. Für den, der den Effekt zum ersten Male sah, war der Anblick verblüffend. Ich glaube aber, daß für die »Knochen«, wie wir die Lehrer nannten, die Sache nicht ganz so neu und originell war.

Die ganz große Zäsur eines jeden Jahres waren die Sommerferien und der Umzug auf die Datsche. Diese Ferien dauerten und dauern auch heute noch von Mitte Mai bis Anfang September, um das allseitig beliebte Datschenleben zu ermöglichen. Herbst-, Weihnachts- und Osterferien gab und gibt es dafür nicht, so daß die Länge des Schuljahres ungefähr der des hiesigen entspricht. Von Wladiwostok am Stillen Ozean bis Lettland an der Ostsee, von der Krim am Schwarzen Meer bis Archangelsk am Weißen Meer waren und sind wieder alle Städte im Umkreis von 10 bis 40 Kilometer von einem Gürtel von Datschen umgeben. Diese Datschen sind auch heute noch recht primitive Holzhäuser, vorzugsweise mitten in den Wald gestellt, früher ohne jede Gartenanlage und begrenzenden Zaun, heute oft von ein paar Gemüsebeeten umgeben. Der Drang, den kurzen Sommer wirklich in und mit der Natur zu verleben, ist vermutlich klimabedingt, denn auch in Finnland und Schweden herrscht unter anderem Namen der gleiche Brauch. Ja selbst Zar Alexander III. ließ sich in Finnland eine Datsche bauen, ein kleines Holzhaus, dessen primitive Einrichtung in krassem Gegensatz zu der Pracht seiner Schlösser stand. Wie schon erwähnt, besaßen wir eine Datsche, etwa 16 Kilometer von der Stadt entfernt, in Strandhof, auf Estnisch-Ranamoise.

Als ich 1935, also nach zwanzig Jahren, mich in der damals selbständigen estnischen Republik aufhielt, fand ich diese Datsche zerfallen und unbewohnbar vor. Wie groß war mein Erstaunen, als ich 1964, also fast dreißig Jahre später, sie wieder restauriert und bewohnt entdeckte.

Dort, in Strandhof, lagen etwa ein Dutzend Holzhäuser in einem lichten Kiefernwald verstreut, ohne Zäune oder Gärten, und, was sehr wichtig war, außer Sichtweite voneinander entfernt. In diesem Kiefernwald gab es, anders als unter den berühmten Berliner Grunewald-Pinseln, viel Unterholz, so daß die Häuser im Grünen versteckt und verborgen, andererseits innen aber auch sehr schattig, feucht und muffig waren. Die Waldsiedlung, etwa zwei mal zwei Kilometer im Geviert, lag auf dem sogenannten Glint, der Steilküste, die sich in 30–60 m Höhe über dem Meer auf mehrere hundert Kilometer an der estnischen Küste hinzieht. In der Mitte dieses Waldgebietes befand sich ein freier Platz, von dem man einen schönen, offenen Blick auf das Meer und die davorgelagerte Insel Nargö hatte. Hier standen einige Bänke, und jeden Abend versammelten sich hier die Datschen-Bewohner zum Sonnenuntergang und nachbarlichen Plausch. Im Juni und Juli ging die Sonne gegen 11 Uhr abends unter, und ihr sehr langsames, schräges Versinken ins Meer und die anschließende, nur kurze Dämmerung, bei der man im Freien noch bequem eine Zeitung lesen konnte, waren der allgemein beliebte, friedliche Ausklang eines friedlichen Tages.

Mitte Mai, wenn vor unserem Haus in der Stadt die Kastanien blühten, kam der große Augenblick des Umzugs auf die Datsche. Da sich in den im Winter unbewohnten und dem Diebstahl leicht zugänglichen Häusern nur das allernötigste und wertloseste Mobilar befand, mußte vieles für die Sommermonate aus der Stadt mitgenommen werden. Zwei Fuhren wurden mit Bettzeug, Matratzen, Geschirr, Küchengeräten, Kleidern, Lampen und sonstigem Hausrat beladen, Köchin und Dienstmädchen obendrauf gesetzt, das Ganze auf den Weg gebracht. Da diese Fuhren sich im Schritt bewegten, bestieg die Familie den Landauer etwa eine Stunde später, um ungefähr gleichzeitig einzutreffen. Die erste Nacht in den feucht und muffig riechenden Zimmern bei dem ewigen Rauschen der Kiefernwipfel über dem Haus und dem melancholischen Krächzen der Krähen war jedesmal ein besonderes Erlebnis.

Bei unserer Datsche war die Küche samt den Schlafzimmern für das Personal ein paar Meter entfernt vom Haus in einem getrennten Bau untergebracht. Diese Trennung wurde, angesichts der nächtlichen Männerbesuche, von besagtem Personal sehr geschätzt. Leider waren die Verehrer häufig nach gut estnischer Sitte mit den beliebten finnischen feststehenden Messern, Pukko genannt, ausgerüstet und wußten von diesen Geräten nach Einnahme des nötigen Quantums Wodka auch kunstgerechten Gebrauch zu machen. So endete für meine Mutter der Sonntag oft damit, daß mit Hilfe der vorausschauend gelagerten Mengen Verbandstoff und Jodtinktur die leicht angetrunkenen und stark blutenden Helden verbunden wurden, um anschließend dankbar den Heimweg durch den nächtlichen Wald anzutreten. Wir Kinder führten den ganzen Sommer ein herrlich ungebundenes Leben. Daß wir barfuß liefen, war selbstverständlich und bei dem andauernden Geplantsche in der See auch notwendig. Ich selber bekam für diese Ferienzeit kurze Hosen aus sogenannter »Teufelshaut«, einem bei Moskau hergestellten Baumwollstoff, der dermaßen fest geschlagen war, daß ihm außer Messer und Schere tatsächlich nichts etwas anhaben konnte. So streunten wir vom Morgen bis zum Abend durch den Wald und an der See herum und erschienen zu Hause nur zu den Mahlzeiten. Da ich schon als kleiner Junge gerne auf eigene Faust größere Wanderungen unternahm, wurde es manchmal reichlich spät, bis ich wieder zu Hause eintrudelte. Dauerte es gar zu lange, so wurde wohl gelegentlich mit nachbarlicher Hilfe auch eine Suchaktion gestartet, doch wäre damals kaum jemand auf den Gedanken gekommen, daß einem Kind abends im Wald ernsthaft etwas zustoßen könne.

Meine drei Jahre ältere Schwester war ziemlich robust und wild, Mitglied einer Bande gleichaltriger Kinder, von denen ich, der ich weder robust noch wild war, gelegentlich als willkommenes Objekt ihres Zeitvertreibs betrachtet wurde. So war eine Zeitlang, wie konnte es anders sein, das Indianerspiel beliebt, und dazu braucht man bekanntlich ein Bleichgesicht. Wer bot sich dazu besser an als meine so friedfertige Person? So sah ich mich dann plötzlich fest und sachkundig an einen Marterpfahl gebunden, zu dem man einen besonders geeigneten Baum erkoren hatte. Ausgesprochen sadistisch und gemein war aber, daß ich unbeweglich und festgeschnürt mit den bloßen Füßen in einem schönen, kegelförmig aufgeschichteten Ameisenhaufen stand. Und Ameisen sind bekanntlich gegen Hausfriedensbruch sehr empfindlich. So wurde ich verhältnismäßig früh mit den dunkleren Seiten der menschlichen Psyche bekannt.

In jenen unbeschwerten Feriensommern begann ich, noch im zarten Knabenalter also, bereits mit dem bekanntlich so schädlichen Rauchen. Im Gutshaus befand sich ein kleiner Kramladen, der für die Sommergäste und die Bauern das Allernötigste feilhielt. Mit den gesammelten Kopeken, die mir von meiner Mutter eigentlich für Speiseeis gestiftet worden waren, das man bei einem ambulanten Russen mit Pferdchen und schönen kupfernen, im Innern verzinnten Kannen kaufen konnte, erstand ich bei dem Krämer eine kleine Tabakspfeife, wie sie die Bauern rauchten, und etwas Tabak, Marke »Bahnvorsteher« (bei jedem Zug muß er raus!). So ausgerüstet versuchte ich, einer wenig jüngeren Freundin dampfende Männlichkeit vorzuführen, ohne dabei aber besonders überzeugend zu wirken. Später, als meine Anforderungen wuchsen, klaute ich meinem Vater die Manilazigarren, die er sich von den befreundeten Kapitänen tausendstückweise mitbringen ließ.

Während ich dies schreibe, steht vor mir auf dem Schreibtisch ein Kästchen aus Buchsbaum, das ein sehr geschickter entfernter Verwandter einst gearbeitet hat und in dem jede einzelne dieser Zigarren ihr eigenes Fach hatte. Leider hat keine der heute erhältlichen Zigarren mehr das passende Format, das Kästchen steht leer. Aber tief unten, am Boden eines Fachs, hat sich noch eine Bauchbinde jener Manilazigarren versteckt und erhalten. Auf ihr steht, flankiert von zwei schlanken Palmen, die Inschrift »Compania General, Manila

Fabrica de Cavite«. Die dazugehörige Zigarre ist vor immerhin sechzig Jahren geraucht worden, vielleicht sogar von mir selbst.

Von der Hand des gleichen Bastlers besitze ich auch ein entzückend gearbeitetes Kästchen für Briefmarken, aber auch seine Fächer sind genau auf die Maße der damaligen russischen Briefmarken zugeschnitten, die, wie jedem versierten Briefmarkensammler bekannt ist, ein sehr eigenwilliges Format hatten.

Außer seinen Zigarren ließ sich mein Vater auch Kognak in kleinen Fäßchen auf den Schiffen holen, der, ob verzollt oder nicht, seinen Weg in unser Haus fand. Dort wurde er in Martell-Drei-Stern-Flaschen abgefüllt, deren Etiketten mit einem Nagel in einer Ecke unauffällig gelocht wurden. Sie hießen bei uns »Saffi« und durften bei gewichtigerem Besuch nicht mit dem echten Stoff verwechselt werden. Eines der letzten Male, bei dem mein Vater seiner Neigung zum Großeinkauf nachgab, war bei Ausbruch des ersten Weltkriegs, als er mehrere Zentner Zucker und Mehl in Säcken zu Hause einlagerte. Wie man später sehen wird, sind wir leider nicht mehr in den Genuß dieser weisen Vorsorge gekommen.

Die zunehmende Technisierung unserer Welt hat es mit sich gebracht, daß viele von uns die Natur heute nur noch als Kulisse erleben. Wer nicht das Glück hat, in ländlicher Umgebung leben und arbeiten zu können, wo er noch die Möglichkeit hat, ihr ungeschminktes Gesicht zu sehen, dem begegnet sie bestenfalls gebändigt in den Gärten und Parks der Städte, oder aber als Freizeit- und Ferien-Attraktion auf mehr oder weniger hastigen Ausflügen, als »Kulturfilm«, der am

Wagenfenster abrollt; meist enden diese Unternehmungen an überfüllten Badestränden oder in den Wirtsstuben der Gaststätten. So wenig diese organisierten Vergnügungen, die schon das plötzliche Auftauchen von Stechmückenschwärmen oder ein unvorhergesehenes Gewitter aus dem geplanten Geleise bringen können, etwas mit dem »Erlebnis der Natur« zu tun haben, so gewiß ist es aber auch, daß das Rad der Geschichte nicht mehr zurückgedreht werden kann. Eine sehr fragwürdige Form des Kompromisses, eine etwas krampfhafte Mischung der wohltuenden Primitivität des von uns einst praktizierten »Datschenlebens« und moderner Zivilisation ist der Campingplatz, für meinen Geschmack eine Absurdität: das gepflegte Zeltlager mit Wasserleitung und -spülung, Gaskocher und Einkaufsladen.

Die Motorisierung hat dafür gesorgt, daß das fernste Ziel das nächste ist, und das Goethewort: »Warum in die Ferne schweifen, sieh, das Gute liegt so nah!« wird erst wieder in jüngster Zeit etwas mehr beherzigt: man wandert wieder mit dem Rucksack und pilgert zu Aussichtspunkten oder Standorten besonders seltener und geschützter Pflanzen der heimatlichen Umgebung, eine »Reaktion« im besten Sinne des Wortes, eine Besinnung auf die in dieser rasch wechselnden Welt so seltenen beständigen Werte. Goethes Italienreise aber heute noch »nachreisen« zu wollen, ist reiner Bildungssnobismus: es ist ein Unterschied, ob an der Poststation Pferde gewechselt werden oder ob der Mercedes an einer der gläsern-stählernen Karawansereien am Straßenrand aufgetankt wird. Das Land, »wo die Zitronen blühen«, das Mignon besang, ist hinter den Plakatwänden eines wildgewordenen Tourismus nicht mehr zu finden.

Was also noch in meiner Jugend jeder erleben konnte, ist heute nur noch wenigen vergönnt. Das Lebensgefühl unserer Epoche wird ohne Zweifel in erster Linie von der Technik bestimmt. Zugleich aber ist dieses ereignis- und katastrophenreiche 20. Jahrhundert, wie jedes andere, nicht nur geprägt von politischen und ökonomischen Entwicklungen seiner Vergangenheit, sondern eben von diesem »Lebensgefühl« der Menschen jener vergangenen Zeit. Meine Generation hat diese Vermischung des Einst mit dem Jetzt in besonders stürmischen Wandlungen und im Guten wie im Bösen am eigenen Leibe erfahren. Es ist der Reiz eines langen Lebens, daß es über Erinnerungen verfügt, über ganz spezifische Erlebnisse und Erfahrungen, die die nachkommende Generation nicht mehr haben wird und also nur noch vom Hören-Sagen kennenlernen kann.

Im Chinesischen ist die höfliche Bezeichnung eines Lehrers die des »Früher Geborenen«, während sich der Schüler als »Später Geborener« bezeichnet. Ein guter Lehrer sollte versuchen, die Differenz an Jahren nicht nur als ein Plus an Erfahrung ins Feld zu führen. Das »Es war einmal«, mit dem die Märchen anfangen, hat seine Zauberkraft nicht verloren. Ich fürchte, daß viel von der Unrast und Problematik unserer Tage auf der Unfähigkeit oder dem Unwillen der älteren Generation beruht, den jungen Menschen »sine ira et studio« zu erzählen, wie es einmal war, ohne dabei zu dozieren oder zu moralisieren. Die Zuhörer finden sich. So interessant wie die sich im Profitwind unermüdlich drehenden Gebetsmühlen von Sex und Kriminalität dürfte es noch allemal sein.

Das intensive Leben nicht mit, sondern in der Natur, das wir in den Ferien führen durften, war für uns Kinder und auch für meinen Vater eine herrliche Sache, für meine Mutter jedoch, bei ihrem ganz anderen Temperament und ihren anders gelagerten Interessen, keine ganz reine Freude. So wurde auf ihren Wunsch der Sommer 1911 bei ihrer Schwester in der Nähe von Moskau, in Tomilino, verbracht. Hier war sie Gast und brauchte sich um nichts zu kümmern, zudem war infolge der nahen Großstadt auch der gesamte Lebenszuschnitt viel zivilisierter.

Die Stadt Moskau, heute zweifelsohne eine der Weltmetropolen, war damals eine eigenartige Mischung von Dorf und Großstadt. Petersburg war als Hauptstadt des Reiches in seinem Kern modern. Es war außerdem, bedingt durch die wundervolle Lage an der breiten Newa und die prunkvollen Bauten, auch eine sehr schöne Stadt. Es war aber bewußt als eine »westliche« Stadt von Peter dem Großen gegründet worden und wurde von der Bevölkerung auch als eine solche empfunden. Demgegenüber bemühte man sich in Moskau, um ein Gegenstück zu schaffen, so russisch wie irgend möglich zu erscheinen. Eine Fülle von Bauten, denen der Reisende noch heute begegnet, sind damals in einem nachempfundenen, konstruierten altrussischen Stil gebaut worden, ähnlich den vielen pseudoromanischen Kästen der Wilhelminischen Epoche in Deutschland. Diese betont altrussische Note gab der Stadt eine

eigenartige Atmosphäre. Der Protest, der sich in ihr ausdrückte, spiegelte sich auch in einer sehr liberalen Einstellung der Intelligenz. In weitem Umfange war bis zur Oktober-Revolution Petersburg das Verwaltungszentrum und Moskau das geistige Zentrum des Landes. Die 1918 von Lenin unter rein militärischen Aspekten verfügte Verlegung der Hauptstadt zurück nach Moskau erwies sich hinterher als eine überaus glückliche Maßnahme, indem es eine Untermauerung und Stützung des Neuen durch das Alte ermöglichte.
Wer heute auf dem »Roten Platz«, einem der schönsten Plätze der Welt, steht, hat mit Kreml und Basilius-Kathedrale das historische Rußland, mit historischem Museum und Gum das slawjanophile Ende des 19. Jahrhunderts, mit dem Lenin-Mausoleum die Neuzeit und mit dem Hotel Rossija die moderne Technokratie vor sich. Es ist eine seltene und gedrängte Übersicht über gut 500 Jahre Geschichte und für den historisch interessierten Touristen mit Recht ein gesuchtes Reiseziel. Kein Fahrzeug darf den Platz überqueren, kein Café mit Stuhlreihen und bunten Schirmen stört seine fast feierliche Ruhe. Damals, im Sommer 1911, sah das alles ganz anders aus. Gebieterisch erfüllte der menschliche Handelstrieb den Kreml, den Roten Platz und die angrenzenden Straßen mit allerhand Buden, Ständen, Tischen und Körben und hielt einen immerwährenden Basar dort, wo heute die gute Stube eines Weltreiches und einer Weltideologie ist.

Meine etwa gleichaltrige Cousine Rita, mit der ich damals die Ferien verbrachte, einziges Kind schon etwas bejahrter Eltern, sprach nur Russisch und brachte meiner Anwesenheit eine Begeisterung entgegen, die mir schon im zarten Knabenalter lästig war. Überall und immer wollte sie dabei sein, dauernd wollte sie etwas erklärt haben und ließ mir vom Morgen bis zum Abend keine Ruhe. Und als wir zum Ende unseres Aufenthalts auf dem Bahnhof in Moskau vor dem abgehenden Zuge standen, kam ihre letzte, kindliche und doch eindringliche, zweifelnde und bittende Frage: »Liebst du mich ein klein wenig?« Es war die letzte Frage, die ich von ihr hörte, und bis heute schäme ich mich tief, daß ich mich damals brüsk umdrehte, ohne etwas zu antworten. Ich sah sie nie wieder. Sie ist in der harten Zeit des Bürgerkrieges früh an Tuberkulose gestorben.

Von Reval gab und gibt es keine direkte Bahnverbindung nach Moskau, man muß über Petersburg, also sozusagen um die Ecke fahren, dort umsteigen, und die Reise dauerte seinerzeit etwa 24 Stunden. Meistens fuhr man jedoch zwei Nächte und verbrachte den Tag dazwischen in der Hauptstadt mit Besichtigungen, denn das Schlafen in den russischen Zügen war und ist mindestens so angenehm wie im Hotel. Damals wie heute werden auf längeren Strecken nur so viele Fahrkarten verkauft, wie Liegeplätze vorhanden sind. Die Bahn hatte früher drei Klassen, und die Wagen waren, um die Unterscheidung zu erleichtern, verschiedenfarbig angestrichen, dritte Klasse – grün, zweite – orange, erste – blau. Das war nicht nur bequem, sondern auch farbenprächtig. Das Abfahrtszeremoniell begann mit drei Glockensignalen, zuerst einem, dann zwei und schließlich drei Schlägen in Abständen von einigen Minuten. Dann pfiff der Zugführer auf einer Trillerpfeife, die Lokomotive antwortete mit tiefem, dröhnendem

Baß und setzte sich unter Ausstoßen gewaltiger Dampfmengen langsam in Bewegung. Dann allerdings rollte so ein Zug ziemlich lange, bevor er wieder anhielt, denn die Stationen lagen reichlich weit voneinander entfernt. Die Fenster in den Abteilen waren wegen der starken winterlichen Kälte klein und schmal, dafür aber war dank der breiteren russischen Spurweite der Bahnen ziemlich viel Raum im Abteil und besonders im Korridor. In der zweiten und ersten Klasse gab es viel liebevoll verarbeitetes Holz, Nußbaum und Mahagoni, viel Messing in phantasievollen Formen und viel Plüsch. Von all dieser Gemütlichkeit ist heute nichts mehr übrig. Es gibt keine Glockenzeichen mehr, die Haltedauer wird durch Lautsprecher angekündigt, dann fährt der Zug ohne weiteres Trara ab. Wir sind gewohnt, wenn wir den D-Zug nach München benutzen, kurz vor der Abfahrt zu hören: »Zum D-Zug nach München bitte einsteigen und die Türen schließen, der Zug fährt sofort ab.« Fährt man heute von Moskau nach Paris mit dem Zuge, so setzt sich dieser um die vorgesehene Zeit ohne jede Warnung, lautlos, fast unheimlich geräuschlos in Bewegung. Man hat dabei das Gefühl, daß dem großen Augenblick nicht genügend Aufmerksamkeit gezollt wird. Die bunten Ostereierfarben der früheren Waggons sind heute zu einheitlichem »Spinat mit Ei« geworden, sie sind nämlich grün und haben gelbe Streifen. Und anstelle von poliertem Mahagoni erfreut hellgraues Resopal des Hygienikers Herz. Nur die kleinen, weißen Gardinen vor den breiter gewordenen Thermopanescheiben erinnern noch an die alte Pracht. Und der in jedem Wagen vorhandene Samowar, aus dem die Schaffnerin unermüdlich unendliche Mengen Tee herumträgt, zu drei Kopeken das Glas. Auch heute noch fahren die Züge außerordentlich ruhig, teils weil sie nicht übermäßig schnell sind, teils weil die langen, geraden, also kurvenfreien Strecken keine Weichen haben. Früher kam ein eigenartiger Walzertakt hinzu, der dadurch entstand, daß die Wagen drei Achsen hatten, wodurch man die ganze Nacht zu einem gemächlichen und einschläfernden »Tamtata tamtata« zwischen reinleinenen staatlichen Bettüchern verbrachte, die der Schaffner abends einem plombierten Sack vor den Augen des Fahrgastes entnahm, um kunstgerecht das Nachtlager zu bereiten. In eine kleine, gläserne Laterne über der Türe wurde eine Kerze gestellt und angezündet, die eine Nacht lang brannte und die man mit kleinen, blauen Gardinen abdunkeln konnte. In der Psychologie ist heute so viel von Kindheitserinnerungen und ihrer Wichtigkeit für die spätere Persönlichkeit die Rede, und wenn ich mir heute das Gefühl absoluter und wunschloser Geborgenheit in Gedanken rekonstruieren will, dann träume ich mich in ein solches Eisenbahnabteil zurück, zwischen herrlich kühles, glattes Leinenzeug, in das schwache, bläulich gefilterte Licht einer Kerze, im Ohr den gemächlichen Walzertakt der Räder ... Tamtata tamtata ...

Meine Großmutter väterlicherseits und ein Onkel mütterlicherseits wohnten in Riga, und jedes Jahr, wenige Tage nach dem Heiligen Abend, fuhren wir für ein bis zwei Wochen dorthin, mein Vater wegen seiner Arbeit meistens nur auf ein paar Tage. Meine Mutter und Schwester wohnten bei dem recht wohlhabenden Onkel und dessen großer Familie, während ich selber aus Protest immer bei meiner Großmutter logierte, die für damalige Verhältnisse viel bescheidener lebte. Mein Großvater väterlicherseits war in den ersten Jahren des Jahrhunderts gestorben. Sie hat ihn um gute 20 Jahre als Witwe überlebt. Ihr Bruder hatte sich dadurch hervorgetan, daß er während der Zeit der Russifizierung auf dem Bahnsteig in Riga einen Großfürsten öffentlich geohrfeigt hatte. Er mußte daraufhin das Land verlassen und wurde auf Grund dieser heroischen Verdienste Pressereferent bei seiner Majestät Kaiser Wilhelm II.

Meine Großmutter, die mit ihrer unverheirateten Schwester und einer Köchin eine ziemlich große Wohnung bewohnte (welche jedoch kurz vor dem Ersten Weltkrieg noch keine Wasserspülung besaß), sprach ein Rigenser Baltisch-Deutsch, das Eisenträger zum Biegen brachte, sie verstand kein Wort Russisch, hielt alle Russen für Wesen, die Hörner und Schwanz unter Mützen und Kaftanen ängstlich verbargen und sprach auch mit ihrer Köchin nur Deutsch, das dann im Wechselklang von baltischen und lettischen Varianten kabarettreif wurde. Richard Wagner hatte während seines Aufenthalts in Riga im Hause meiner Urgroßeltern verkehrt, und unter einem Glassturz wurde ein vom Meister eigenzähnig angebissenes Brötchen aufbewahrt. Ich vermute, daß erst in der Zeit des »Parzifal« und des »Ringes«, also sehr viel später, dieses Brötchen von der Köchin sozusagen künstlich und in memoriam angebissen wurde. Wie so viele Museumsstücke lag also auch dieses vermutlich nur als eine relative Wahrheit unter Glas. Ein anderer Freund des Hauses war der Afrika-Forscher Schweinfurth gewesen, den ich in seinem hohen Alter noch persönlich kennenlernte. Er gehörte mit Sven Hedin, Nachtigal und Stanley zu den letzten großen Erforschern der weißen Flecken auf der Landkarte, die in unseren Tagen von den ersten Erforschern des Mondes und des Weltraumes abgelöst wurden. Mein Onkel, ein zu diesem Zeitpunkt reicher Privatier, war reichsdeutscher Herkunft, mit einer ebenfalls sehr wohlhabenden Sudetendeutschen verheiratet, und sein Heim atmete jene Atmosphäre wilhelminischer Modernität, die mit ihrer anmaßenden Selbstgefälligkeit so viel zu der Unbeliebtheit des deutschen Volkes beigetragen hat. Damals wurde über den trotzigen Protest des Zehnjährigen gegenüber diesem Lebenszuschnitt gutmütig und herzlich gelacht, heute aber, 60 Jahre später, würde wohl niemand mehr lachen. Ich hatte offenbar schon als Kind ein deutliches Gefühl dafür, daß das, was wir heute mit »sozialem Gefälle« zu bezeichnen pflegen, etwas war, was nicht etwa unabänderlich von »höheren Mächten« so eingerichtet war, sondern daß die krassen Unterschiede im Lebensstandard der Menschen das Ergebnis menschlichen Versagens waren, und daß es nirgends geschrieben stand, daß sich die herrschenden Verhältnisse nicht eines Tages ändern, womöglich umkehren würden.

Füllt man ein u-förmig gebogenes Rohr mit einer Flüssigkeit, so steht sie in den Schenkeln gleich hoch. Will man eine Niveaudifferenz erreichen, so muß man auf der einen Seite Druck oder auf der anderen Seite Unterdruck erzeugen. Und nur solange eine Druckdifferenz besteht, besteht auch ein Niveauunterschied.

Mit anderen Worten: der Niveauunterschied ist ein Maß für den Druckunterschied. Man sollte sich aber nie dadurch täuschen lassen, daß die beiden verschieden hohen Flüssigkeitssäulen so schön, so beruhigend stationär erscheinen. Sie sind es nur so lange, als der Druck aufrechterhalten wird und aufrechterhalten werden kann. Daß diese Erkenntnis, dargestellt an einem physikalischen Phänomen, auch im soziologischen Bereich ihre Gültigkeit besitzt, hat die Menschheit spät erkannt und bitter bezahlt. Sie zahlt noch heute daran.

Gelegentlich waren wir auch im Sommer bei meiner Großmutter am berühmten Rigaer Strand auf ihrer Datsche, während jener von mir so stolz verschmähte reiche Onkel im Sommer mit Frau, Kind und Dienstboten nach Tirol oder in die Schweiz reiste, was mir als Gipfel überheblicher Verschwendungssucht erschien. Der Rigaer Strand ist einer der schönsten Badestrände der Welt und heute in der Sowjetunion wieder äußerst beliebt. Er liegt auf der recht schmalen Landzunge zwischen Meer und dem Flüßchen Aa und ist eigentlich mehr eine in den Wald gebaute Datschen-Stadt, die sich über viele Kilometer erstreckt, als ein unberührtes Stück Natur.

Riga war damals, verglichen mit der mittelalterlichen Kleinstadt Reval, eine moderne Großstadt mit viel Industrie. So fuhren dort z. B. elektrische Straßenbahnen, die für uns Kleinstadtkinder eine andere Welt bedeuteten. Mit ihren funkensprühenden Strombügeln, ihren bunten Schildern und den vielen farbigen Lichtern, durch die man die verschiedenen Linien auch im Dunkeln von weitem erkennen konnte, waren sie für uns ein allnächtliches Feuerwerk. Bei uns zu Hause fuhr eine treue, brave Pferdebahn auf einer einzigen Linie von der Stadt nach dem Park und Schlößchen Katharinenthal, neben der man ohne jede Anstrengung herlaufen konnte. Fünf Kopeken kostete die Fahrt, und wie oft bin ich als Kind mit zwei dicken Kupfermünzen ausgerüstet dort hinausgefahren, um meine ausgedehnten, einsamen Spaziergänge zu unternehmen!

Meine Großeltern waren sehr bildungsbeflissene Leute, und deshalb war es für sie ein harter Schlag, daß mein Vater nicht sein Abitur machte und infolgedessen auch nicht zur Universität ging, was die Familie unbedingt von ihm erwartet hatte. Und das kam so: In der Prima, wenige Monate vor dem Abitur, hatte er sich über Ungerechtigkeiten eines Lehrers so geärgert, daß er unter der Schulbank seinen rechten Stiefel auszog und ihn mit Kraft und Wucht der auf dem Katheder thronenden Autorität an den Kopf warf. Und Stiefel waren damals gute und solide Handarbeit. Natürlich mußte er daraufhin das Gymnasium verlassen, weigerte sich aber, das Abitur auf einer anderen Schule nachzuholen und ging stattdessen nach Schottland in eine Reederei als Lehrling. Mit dem gleichaltrigen Sohn des Besitzers, mit dem er ein Leben lang Freundschaft hielt, hat er auf manchem Seelenverkäufer dieser Frachterlinie den Gefahren der Meere getrotzt. Auch ich habe in den zwanziger Jahren manche Fahrt auf diesen Schiffen unternommen. Sie waren in Leith, dem Hafen von Edinburgh, beheimatet, und dort habe ich zum ersten Male britischen Boden betreten. Inzwischen bin ich Dutzende von Malen auf der Insel gewesen, kenne sie von der Nord- bis zur Südspitze und habe viele sehr gute Freunde dort. So begann mit einem im Zorn geworfenen Stiefel eine durch zwei Generationen dauernde Anglophilie, ein Musterbeispiel für die oft recht kuriosen Wege von Ursache und Wirkung.

Eine erneute Abwechslung in der Wahl unseres Ferienorts brachte die Tatsache mit sich, daß unser Hausarzt bei mir eines Tages eine leichte Tuberkulose feststellte.

Die medizinische Betreuung der wohlhabenderen Bevölkerung spielte sich damals etwas anders ab als heute. Man hatte einen sogenannten Hausarzt, der einmal jährlich pauschal bezahlt wurde und dafür jederzeit bei Krankheitsfällen gerufen werden konnte. Darüber hinaus kam er aber etwa alle 14 Tage vormittags, ohne eigens gebeten zu werden, zu einem Besuch vorbei. Bei einem Glas Sherry erkundigte er sich dann nach dem allgemeinen Befinden, gab diesen oder jenen Ratschlag, unterhielt sich mit den Eltern und konnte sich als Freund des Hauses betrachten. Unser langjähriger und beliebter Hausarzt, ein glatzköpfiger, etwas beleibter, gemütlicher Herr, erstaunte uns alle sehr, als er bei Ausbruch des Ersten Weltkriegs plötzlich in goldstrotzender Generalsuniform erschien. Diesen Rang hatte er sich, ohne daß jemand davon wußte, langsam und unauffällig im Laufe der Jahre im medizinischen Heeresdienst erworben.

Wenige Jahre zuvor hatte er also meinen Eltern meiner Gesundheit wegen empfohlen, den Sommer im Seebad Hapsal zu verbringen. Der Ort liegt am Westende des Landes an einer fast geschlossenen Meeresbucht, hat ein für die dortigen Breiten sehr mildes Klima und Kuranlagen, die Sole- und Moorbäder verabreichen. Ein kleines Kurorchester spielte damals in einer Muschel zweimal täglich auf der Promenade, kurz, es war die Kopie reichsdeutscher Kurbäder sehr »en miniature« und ins baltisch-russisch Gemütliche übertragen. Der Komponist Tschaikowski hat gerne dort geweilt und eine Inschrift auf einer Bank erinnert noch heute daran, daß die Welt die »Pathétique« diesem kleinen Badeort verdankt.

Mir selber wurde neben Solebädern viel Ruhe verordnet, wobei die Kurkonzerte dieses für einen Jungen schwer erträgliche Liegen etwas verkürzten. Das erste Jahr wohnten wir in einer Pension, in der noch an der Table d'hôte gegessen wurde, von einem Diener in weißen Zwirnhandschuhen serviert, und den Vorsitz führte ein General mit einem schönen weißen Vollbart. Die Pensionsinhaberin, eine jugendliche Witwe, beliebte neckische Spiele mit mir zu treiben, die ich nicht begriff und für die ich bestimmt zu jung war. Viel mehr Freude machte es mir, der Fürstin Golitzin, wenn sie mit ihren Töchtern unter unserem Zimmer vorüberging, Kirschkerne so vorsichtig auf den nach damaliger Mode riesengroßen Hut zu werfen, daß sie es nicht merkte und mit dieser eigenartigen Verzierung ihres Kopfschmuckes ruhig weiter lustwandelte.

Den nächsten Sommer verbrachten wir in einem gemieteten Häuschen, das unmittelbar an einer kleinen, stillen Bucht lag. Mein Vater, um meine maritime Ausbildung sehr besorgt, hatte mir ein Ruderboot zu eigener Benutzung gekauft, mit dem ich in den windstillen und geschützten, flachen und schilfbewachsenen Gewässern auf Entdeckungsfahrten ging. An einem heißen Sommertag mit dem Boot ins Schilf zu fahren, ist immer ein reizvolles Erlebnis, für das Auge ist nur ein kleiner Umkreis erfaßbar, das Ohr aber vernimmt Millionen Stimmen des Lebens. In jenem Sommer erlebte der Ort eine totale Sonnenfinsternis, die bei herrlichem, klarem Himmel wunderbar zu sehen war. Da dieses Ereignis an ein und demselben Ort durchschnittlich nur alle 200 Jahre zu beobachten ist, und dazuhin nur dann, wenn keine Wolken die Sicht nehmen, so ist es verhältnismäßig wenigen Menschen vergönnt, es zu erleben. Ich hatte das Glück, auch den Halleschen Kometen vor dem Ersten Weltkrieg und später den Meteor von Tunguska zu sehen, das Schicksal hat mir also drei seltene Schauspiele des Himmels geschenkt.

Dieser sehr sonnige und warme Sommer, den wir in dem kleinen, gemütlichen und intimen Badeort verbrachten, war, ohne daß wir es wußten, der letzte Sommer einer ganzen Epoche. Die Zäsur, die die Lebenszeit meiner Generation so eindrucksvoll zerschnitt in eine, wie es schien, sorglosere, beschauliche Zeit vor und eine völlig veränderte, dramatische und unheilvolle Zeit nach dem Ersten Weltkrieg, war der 1. August 1914. Das wissen wir heute, damals wußten wir es nicht, obwohl man es hätte wissen können. Geblendet von trügerischer Sicherheit, selbstgefällig vertrauend auf die Unbestechlichkeit bürgerlicher und patriotischer Tugenden, überzeugt von der unerschütterlichen Fortdauer der bestehenden Ordnung, war man nicht imstande, die Lage richtig zu beurteilen.

Das äußere Bild, welches das Militär zur Zeit des Kriegsausbruches bot, war zum Beispiel ein Beweis für die sträfliche Ahnungslosigkeit der Verantwortlichen. Wenn wir uns heute in London die Wachablösung vor dem Buckingham-Palast anschauen, so empfinden wir die roten Uniformen und hohen Bärenfellmützen (die im übrigen längst aus Nylon gefertigt werden), als eine zwar hübsche, aber etwas karnevalistische Maskerade und Touristenattraktion, und kein Mensch würde auf den Gedanken kommen, daß die Horse Guards mit ihren blanken Messinghelmen und Kürassen, ihren Roßschweifen und kniehohen Stulpenstiefeln, ihren kreideweißen Lederhosen und blanken Degen eine wirkliche Attacke reiten sollten. Jeder weiß, daß dies nur noch Spielerei und Show-Business ist. Vor jenem Stichtag des 1. August 1914 jedoch war das anders. Da gab es allerorten Garderegimenter, die mit phantastischen Verzierungen an ihren Uniformen, weißen Reiherfederbüschen oder silbernen Doppeladlern auf den Helmen oder in hellblauen seidenen Umhängen auftraten und die in dieser Aufmachung in den Krieg ziehen sollten.

Dabei hatte man Gelegenheit gehabt, zu studieren, wie ein künftiger Krieg aussehen würde: der Mandschurische Krieg 1904/05 hatte alles gezeigt: Man kannte die Wirkung des Maschinengewehrs und anderer moderner Waffen und man hatte Schützengräben gesehen. Die Militärattachés aller Großmächte hatten diese Neuerungen an Ort und Stelle beobachtet, nirgends aber wurden die Konsequenzen gezogen. Wohl bereitete man feldgraue, khakifarbene und erdgrüne Uniformen vor, aber man spielte weiterhin den farbenprächtigen und kostspieligen Mummenschanz, bis der mit Hahnenfedern reich geschmückte Hut Franz Ferdinands unter den Schüssen von Sarajewo auf die ordenblitzende Brust fiel.

Äußere und scheinbar nebensächliche Veränderungen waren es, an denen ein Junge wie ich damals merkte, daß etwas Entscheidendes geschehen war.

Wenn ich bisher nach den Sommerferien im frühen Herbst wieder zur Schule gegangen war, hatte ich in einem kleinen Beutel das Schulgeld für das kommende Jahr bei mir getragen. Und in diesem Beutel waren Goldstücke, das übliche und selbstverständliche Zahlungsmittel jener Zeit. Wer beauftragt war, Geld in Empfang zu nehmen, besaß irgendwo bei der Kasse eine steinerne Platte, auf der er am Klang der fallenden Münzen deren Echtheit erkennen konnte. Und er kannte den richtigen Klang genau und mußte ihn kennen, denn klingendes Gold hielt überall in der Welt die Wirtschaft in Gang. Die Geldbörsen jener Tage waren kleine, aus festem Seidennetz gearbeitete Schläuche, die in der Mitte eine Öffnung und zwei nach den Seiten verschiebbare Ringe besaßen, durch die man Gold- und Silbermünzen an beiden Enden getrennt aufbewahren konnte. Eine solche mit Geld gefüllte Börse konnte man mit Aplomb auf den Tisch knallen, das war eine durchaus eindrucksvolle Geste. Was sind dagegen unsere heutigen Scheine oder die undefinierbaren Legierungen des modernen Hartgeldes! Man kann heute zwar wieder vielerorten Goldmünzen an jedem Bankschalter kaufen, wenn auch zu hohen Aufpreisen. Aber schließlich kann ich mir heute auch Uhus und Raben, die früher noch frei herumflogen, in jedem Zoo hinter Gitterstäben ansehen. Der Aufpreis der heute gehandelten Goldmünzen gegenüber ihrem Metallwert zeigt überdeutlich, daß ihr Verschwinden aus der »freien Wildbahn« in zwei

Generationen die faszinierende Erinnerung an den einstmals alltäglichen Umgang mit ihnen nicht hat auslöschen können. Mit Kriegsbeginn 1914 verschwanden die Goldstücke aus dem Verkehr.

Fragt man sich, was damals, als »in Europa die Lichter ausgingen«, wirklich verlöschte, so ist es das Gefühl der Sicherheit. Die letzten, empfindlichsten der vorangegangenen Störungen dieser Sicherheit, die Französische Revolution und die Napoleonischen Kriege, lagen hundert Jahre zurück. Daß diese hundert Jahre ziemlicher Ruhe in Europa eine große Ausnahme waren, vergaß man und glaubte, mit dem bürgerlichen Wohlstand, der raschen Entwicklung der Industrie und Wirtschaft, dem technischen Fortschritt alle wesentlichen Voraussetzungen für das endlich angebrochene goldene Zeitalter geschaffen zu haben.

Mein Vater, der bis zu seinem Tod bei einem Bombenangriff in seinem ganzen Leben nie auch nur einen einzigen Tag krank gewesen ist, war felsenfest davon überzeugt, daß Krankheit ein unverzeihliches Sichgehenlassen sei, eines willensstarken und pflichtbewußten Menschen durchaus unwürdig. Daß Kranksein vom Schicksal bestimmt sein konnte und nicht nur jämmerliches Versagen war, wies er mit Entrüstung von sich. Und das war, ins Allgemeine projiziert, die Haltung jener Zeit, die so offensichtlich vor Gesundheit strotzte und doch den Todeskeim schon in sich trug.

Wir könnten heute ganze Bibliotheken füllen mit Stimmen, die damals schon warnten, die die Krankheitssymptome aufzeigten und analysierten. Wir täuschen uns aber, wenn wir glauben, daß diese Stimmen vernommen wurden. Nicht nur von Gottes Gnaden

Kaiser Wilhelm II. erfreute seine Untertanen laufend mit markigen Sprüchen, auch in England waren Verse populär wie:

> We don't want to fight, but if we do,
> We have the men, we have the ships
> and we have the money too.

Von Frankreich und Rußland, die alten Waffenruhm wieder aufzupolieren gedachten, ganz zu schweigen.

So zog man denn allerorten aus, mit fliegenden Fahnen, mit stolzen Worten, mit Blumensträußchen in den Flintenläufen zu einem Krieg, den man sich als eine Art überdimensionaler Olympiade unter heller, sommerlicher Sonne vorstellte und der dann als grauer Trauerzug unter nieselndem, grauem Novemberhimmel erst vier Jahre später endete.

An jenem 1. August ging die Selbstsicherheit des europäischen Menschen zu Bruch, seitdem klingen alle großen Worte hohl, wirken alle großen Gesten peinlich und wagt niemand mehr, uns herrlichen Zeiten entgegenzuführen.

Wir alle, wir Europäer und auch die Amerikaner, sind zu Zweiflern geworden. Aber wie bedingungsloser Glaube hat auch prinzipieller Zweifel seine Gefahren. Wer sich vertrauensvoll auf einen Stuhl setzt, der schon angesägt ist, wird fallen. Wer aber stehen bleibt aus Furcht, der Stuhl könnte angesägt sein, wird müde werden. Die gründliche Überprüfung des Möbels, bevor man blindlings handelt oder unnötig zögert, und je nach seinem Zustand seine Entscheidung zu fällen, scheint die zwar logische, aber nicht ganz selbstverständliche Lösung des Problems zu sein.

Für mich klang die Vorkriegs-Epoche aus mit dem letzten Wohltätigkeitsbasar, an dem meine Mutter teilnahm. Auf der Kurpromenade von Hapsal waren allerhand Buden aufgestellt, in denen ein Sammelsurium von Hausgreueln aus Porzellan, Messing, Holz und Stoff verlost, alkoholische und nichtalkoholische Getränke ausgeschenkt wurden, Amateurwahrsagerinnen, als Zigeunerinnen drapierte Damen der Gesellschaft, ihr angebliches »Handwerk« mehr schlecht als recht ausübten und Schießbuden einen unbewußt aktuellen Akzent setzten. Dazu spielte das Kurorchester fröhliche Weisen, und die Sonne schien hell und warm. Die Modefarbe jener Tage hieß »Tango«, benannt nach dem damals gerade aufkommenden Tanz, und war ein feuriges Orange. Und wo es nur irgend möglich war, hatte man diese aufdringliche Farbe angebracht, sozusagen als Motto für die ganze Veranstaltung, denn in jenen Zeiten pflegte man solche Dinge ernst zu nehmen.

Wenige Tage später war wiederum alles bunt dekoriert, diesmal mit weiß-blau-roten Fähnchen. Denn inzwischen war der Krieg ausgebrochen, und bei dem neuen Dekor handelte es sich um die Nationalfarben des Zarenreiches. Inmitten dieses bunten Schmuckes erwachte das patriotische Gefühl, man hörte ziemlich unmotiviert überall die Nationalhymne, eine sehr getragene, choralartige Melodie, die abgelöst wurde von anderen vaterländischen Liedern, und das bis dahin übliche Deutschsprechen auf der Straße wurde verboten. Truppeneinheiten zogen singend durch die Straßen, von der Damenwelt winkend begrüßt, Kosakenstreifen zeigten stolz ihre Reitkünste, kurz, das neue Schauspiel reihte sich dem gerade gehabten Wohltätigkeitsbasar in äußerer Gestalt und innerem Gehalt ziemlich nahtlos an.

Die wegen der Truppentransporte schon etwas unregelmäßig verkehrenden Züge waren dicht bepackt mit Leuten, die ihren Urlaub abbrachen und in ihre Heimatstädte zurückkehrten. Und auch aus diesen Zügen wurden bei der Abfahrt Hunderte von Fähnchen geschwenkt, als ob die Reise in ein längst ersehntes, großes und allgemeines Volksfest ginge.

In den ersten Kriegstagen spielte sich in jener Gegend eine Begebenheit ab, deren Pointe klein, aber gewichtig und vor allem typisch ist.

Bald nach Eröffnung der Feindseligkeiten dampfte der kleine Kreuzer S.M.S. Magdeburg in die Gegend von Hapsal und beschoß dort einen Leuchtturm. Zu diesem Zwecke bediente sich der Kommandant einer der vorzüglichen russischen Seekarten, die es damals überall zu kaufen gab. Was er aber als treuherziger, ehrlicher Germane nicht wußte, war, daß alle käuflichen russischen Karten absichtliche und heimtükkische Fehler enthielten. Und so kam, was kommen mußte, er brummte bei der Aktion auf und saß mit seinem Schiff fest. Nun gab es in der kaiserlichen Marine für alle möglichen Gelegenheiten genaue Vorschriften, so auch für den Fall, daß ein Schiff unter dem Druck feindlicher Übermacht aufgegeben werden mußte. Als diese, in Gestalt einer russischen Flottille deutlich überlegen, herandampfte, nahm der Kommandant der »Magdeburg« laut Instruktion den Geheimcode der kaiserlichen Marine, steckte ihn in eine eigens für diesen Zweck mit Blei beschwerte, eiserne Schatulle und warf sie über Bord. Darauf ging er, nach heldenhafter Gegenwehr, unversehrt mit seinen Mannen in Gefangenschaft. Für sie war der Krieg nur kurz gewesen. Die Vorschrift, den Geheimcode betreffend, war jedoch nur für den Fall konzipiert, daß sich unter dem Kiel genügend Wasser befand, und gerade daran mangelte es. So schickten denn die Russen wenige Tage später einen Taucher an den Tatort, der besagte Schatulle rasch fand und zuständigen Orts ablieferte. Dort fertigte man eine Kopie des Geheimcodes an und schickte sie an den ersten Seelord nach England. Der konnte guten Gebrauch davon machen.

Es mag ein Trost sein, daß in den Monaten, in denen ich dieses schreibe, die Amerikaner mit ihrem Nachrichtenschiff »Pueblo« eine sehr ähnliche Panne erlebt haben, ein Zeichen dafür, daß die mit viel Gold und Sternen verzierten älteren Herren sich in der ganzen Welt recht ähnlich sind.

Die gefangenen Matrosen der »Magdeburg« mit ihrem Kommandanten an der Spitze sah ich, bewacht von den damals spießartigen Bajonetten russischer Landser, durch die Straßen von Hapsal marschieren, nicht ahnend, daß ich selber, 31 Jahre später, bewacht von Amerikanern, durch die Straßen von Remagen geführt werden würde.

Nachdem die russischen Feriengäste, die weitere Strecken vor sich hatten, abgefahren waren, machten auch wir uns auf den Heimweg.

Der erste Kriegswinter ist mir durch seine überwältigende Dunkelheit in Erinnerung geblieben. Weil es Kriegshafen war und aus Furcht vor Angriffen von See, war für Reval allerstrengste Verdunklung vorgeschrieben. Und da es dort im Winter ohnehin nur wenige Stunden um die Mittagszeit hell wird, wirkte die Verdunklung der Straßen besonders bedrückend. Die berittenen Kosakenstreifen, die die Verdunklung zu überwachen hatten, bedienten sich eines einfachen, aber sehr wirksamen Mittels, um sie durchzusetzen. Sahen sie irgendwo einen Lichtschimmer, so schossen sie kurzerhand in das betreffende Fenster hinein, was mindestens neue Fensterscheiben und das Flicken einiger Löcher in der gegenüberliegenden Wand kostete.

Zunächst ging das Leben in dieser in Dunkelheit versunkenen Stadt weiter wie bisher. Meine Mutter hatte ein sogenanntes »französisches Kränzchen« von etwa sechs Damen, die sich alle vierzehn Tage trafen, um unter Leitung einer Französin aus Lausanne bei Kaffee und Kuchen französisch zu parlieren. Dieses Kränzchen – die Franzosen waren schließlich Bundesgenossen – wurde auch nach Kriegsausbruch fortgesetzt, jedoch tauchte nun das Problem auf, wie die Damen in der Dunkelheit wieder nach Hause kommen sollten. Zu diesem Zwecke besorgte mein Vater eine große Kalesche mit zwei Pferden, in der der ganze Verein Platz hatte. Als nun eines Abends der Kutscher wieder seine französisch schnatternde Last durch die finsteren Straßen verteilte, öffnete eine der zungenwetzenden Insassinnen die Türe, während die Pferde noch trabten. Die Türe schlug mit aller Wucht gegen einen Laternenpfahl, brach aus den Angeln und fiel auf die Straße, und die Übeltäterin folgte ihr nach. Diese wurde nun zwar unverletzt bei sich zu Hause abgeliefert, aber was weiter? Kurz entschlossen nahm der wackere Lenker einen Strick, den er bei sich hatte, stellte die Türe an ihren Platz und band sie, den Strick um den ganzen mit Weiblichkeit gefüllten Kasten führend, mit einem sicheren Knoten fest. Jeweils den Knoten von außen lösend, ließ er sie dann grinsend einzeln heraus, mit einigem Recht annehmend, daß dies die letzte Fahrt dieser Art sein würde.

Das strikte Verbot, in der Öffentlichkeit Deutsch zu sprechen, führte zu manchen Schwierigkeiten. Die Möglichkeit, auf Französisch, Englisch oder gar Estnisch auszuweichen, scheiterte meistens daran, daß kein gemeinsamer Nenner zu finden war. Und das Russische, das schließlich dabei heraus kam, war nicht dazu angetan, einem Meister der Sprache wie Puschkin Ehre zu machen.

Für mich persönlich brachte dieser erste Kriegswinter eine Wende meines Lebens. Durch den Ausbruch des Krieges wurde der Hafen von Reval für alle Handelsschiffe geschlossen, der Frachtverkehr kam über Nacht zum Erliegen, und die Arbeit meines Vaters war zu Ende. Die Schwarzmeerhäfen waren durch die Dardanellen und die feindliche Türkei gesperrt. Murmansk hatte damals noch keine Bahn, sie wurde erst im Laufe des Krieges im wesentlichen von österreichischen und deutschen Kriegsgefangenen gebaut. Der einzige freie Hafen des gesamten Reiches war Wladiwostok am Stillen Ozean, durch 8000 Kilometer Bahnlinie mit dem Zentrum und der Front verbunden. Alles, was an Kriegsmaterial, Rohstoffen und den notwendigen Verbrauchsgütern importiert werden mußte, strömte dort zusammen. Und so entschloß sich mein

Vater im Dezember 1914, dorthin umzusiedeln. Wir blieben zurück und sollten ihm erst einige Monate später folgen.

Mein Onkel war mitsamt seiner Großfamilie in der Schweiz vom Kriege überrascht worden. Er kehrte allein über England, Norwegen und Schweden nach Riga zurück, um seinen Haushalt aufzulösen, da er vorhatte, den Krieg über in Zürich zu bleiben. Meine Mutter war mit uns beiden Kindern über Weihnachten und Neujahr zu ihm gefahren. Diese Tage in der riesigen, leeren Wohnung, in der auch die Möbel immer weniger wurden, mit den endlosen politischen Gesprächen zwischen meiner Mutter und ihrem Bruder, waren gespenstisch. Abends wurde dann dem Weinkeller entnommen, was nicht durch Banausenkehlen rinnen sollte, und das Jahr 1915 wurde mit Aßmannshäuser rotem Sekt begrüßt, dem ich damals zum ersten Male begegnete. In Erinnerung an jene Zeit und jene Menschen, die beide schon so lange tot sind, habe ich von dem Augenblick an, wo ich meinen Silvestertrunk selber bezahlen konnte, bis heute immer mit rotem Sekt auf das Neue Jahr angestoßen. Ein einziges Mal, auf einem Schiff in den Tropen, leicht gekleidet auf Deck unter herrlichem, südlichem Sternenhimmel und inmitten funkensprühender Wellen, mußte ich mich mit einer Mischung aus weißem Sekt und Burgunder begnügen.

Im Laufe des Winters wurde auch unsere Wohnung aufgelöst und Anfang März verließ meine Mutter mit uns Kindern und vielen Koffern Reval in Richtung zum Stillen Ozean.

Die Sibirische Bahn genießt bis in die heutige Zeit

einen eigenartig faszinierenden Ruf. Das verdankt sie wohl einerseits ihrer ungewöhnlichen Länge, andererseits der Tatsache, daß sie auf weite Strecken durch fast unbesiedeltes Land führt. Die Brücken über die sehr breiten sibirischen Ströme und die gebirgige Gegend am Südende des Baikalsees, wo ein Tunnel nach dem anderen durchfahren werden muß, sind die einzigen Strecken, deren Ausbau größere technische Anforderungen stellte. Die Tunnelstrecke war 1904 während des Russisch-Japanischen Krieges noch nicht fertig, was strategisch eine außerordentliche Erschwerung bedeutete. Im Winter legten die Russen zwar ganz einfach die Schienen über das Eis des fest zugefrorenen Sees, aber im Sommer mußte alles mit Fähren transportiert werden, was den ohnehin schon überaus schwierigen Nachschub noch weiter komplizierte.

In jenen Jahren verkehrte einmal wöchentlich ein Expreßzug zwischen Wladiwostok und Petrograd, wie die ihres deutschen Namens infolge des Krieges verlustig gegangene Hauptstadt nunmehr hieß. Dieser Zug schaffte die Strecke in etwa sieben Tagen, war recht luxuriös eingerichtet, hatte elektrische Beleuchtung und außer dem Speisewagen einen Salonwagen, in dem sogar ein Klavier zur Unterhaltung der Fahrgäste bereitstand. Ansonsten fuhr täglich ein sogenannter Postzug, bei dem man allerdings zweimal umsteigen mußte und der runde 10 Tage für die Strecke brauchte.

Da meine Mutter mit zwei Kindern und reichlichem Gepäck zu reisen hatte, wählte sie die zwar langsamere, aber in diesem speziellen Falle bequemere Variante. Und so fuhren wir zunächst bis Petrograd, stiegen dort um und schaukelten dann, ohne umzusteigen, bis Irkutsk. Zwischen dieser Stadt und ihrem Bahnhof strömt breit und schnell die Angara, der einzige Ausfluß des 700 km langen und 1700 m tiefen Baikalsees, der übrigens wegen dieser Tiefe mehr Wasser faßt als die Ostsee. Damals gab es noch keine feste Brückenverbindung von Ufer zu Ufer. Im Winter fuhr man über das Eis, und im Sommer wurde eine Pontonbrücke ausgefahren. In der Zwischenzeit, während des Eisgangs, war die Stadt ein bis zwei Tage von ihrem Bahnhof abgeschnitten, was man eben hinnahm. Da unser Aufenthalt dort gerade in die Zeit fiel, wo man dieses Naturereignis stündlich zu erwarten hatte, war der Tagesausflug in die Stadt recht aufregend und ein kleines Glücksspiel. Der Kutscher, der uns in der Stadt herumfuhr, hatte zwar strikten Befehl, im Falle verdächtiger Geräusche vom Flusse her, die den Eisgang ankündigten, uns noch so schnell wie möglich hinüberzufahren, doch hätte das nur uns geholfen, ihm aber einige Tage Verdienstausfall eingebracht, so daß auf seine aufrichtige Mitarbeit nicht recht zu bauen war. Kürzlich bin ich im Auto über eine schöne, breite Brücke zum Bahnhof gefahren und habe daran gedacht, wieviel spannender das damals war.

Es ging aber alles wie gewünscht, und wir schafften die nächste Etappe bis Mandschuria an der chinesischen Grenze ohne Zwischenfälle. Hier stieg man in einen Zug der sogenannten Chinesischen Ostbahn, deren Wagen bis zu den Fenstern mit schweren Eisenplatten gepanzert waren. Diese eigenartige und wohl einzigartige Einrichtung muß erläutert werden.

Bis zum Russisch-Japanischen Krieg 1904 hielten die

Russen die gesamte, offiziell zu China gehörende Mandschurei so gut wie besetzt und hatten dort zwei Bahnlinien gebaut. Die eine führte von West nach Ost, von der Grenzstation Mandschuria nach Wladiwostok, und die andere zweigte von Charbin nach Süden ab und führte über Mukden zum Kriegshafen Port Arthur und dem Handelshafen Dairen. Diese Abzweigung wurde die Südmandschurische Bahn genannt. Nach dem verlorenen Krieg wurde letztere an die Japaner abgetreten, die West-Ost-Verbindung blieb jedoch in russischer Hand, da sie die einzige Verbindung nach Wladiwostok war. Ein langes und wichtiges Stück der Transsibirischen Magistrale verlief also auf fremdem Hoheitsgebiet, und infolgedessen begann man schon bald mit dem Bau einer Umgehungsbahn nördlich des Amur auf russischem Gebiet, über die seit langem der Verkehr ausschließlich läuft. Damals jedoch konnte man nur durch die chinesische Mandschurei fahren, und die Russen besaßen nur auf einige Kilometer Breite beiderseits der Strecke Hoheitsrechte. Da Räuberbanden eine uralte und beliebte chinesische Einrichtung sind, wurden diese Züge gerne überfallen und ausgeraubt, konnten sich doch die Übeltäter leicht und gefahrlos nach geglückter Aktion auf ihr eigenes Hoheitsgebiet zurückziehen, wohin sie von den russischen Bewachern nicht verfolgt werden konnten. Aus diesem Grunde waren die Wagen gepanzert, und die Reisenden wurden ermahnt, sich bei den ersten Schüssen auf den Boden zu werfen und hinter den Panzerplatten Schutz zu suchen. Die Amerikaner sind, soweit ich weiß, im Wilden Westen nicht auf diese einfache Lösung des Problems gekommen.

Für uns verlief die Fahrt allerdings ohne derartige Abenteuer, und so trafen wir drei eines schönen Tages im März 1915 wohlbehalten, vom Familienoberhaupt erwartet, auf dem in altrussischem Stil erbauten Bahnhof der schönen Stadt Wladiwostok ein.

Die Stadt wurde kurz nach Abschluß der heute wieder viel diskutierten sogenannten »ungleichen Verträge« vor rund hundert Jahren gegründet und erhielt hierbei ihren reichlich provokativ-überheblichen Namen, der übersetzt »Herrscherin des Ostens« bedeutet. Zur Entschuldigung sei gesagt, daß Hongkong übersetzt »wohlriechende Meeresbucht« bedeutet, was auch ein wenig hinter der Wirklichkeit zurückbleibt. Was jedoch ihre Lage betrifft, so ist Wladiwostok wirklich eine der schönsten Städte der Welt. Das Sichote-Alin-Gebirge, das sich von der Amur-Mündung in südlicher Richtung am Japanischen Meer entlang erstreckt, läuft bei Wladiwostok in eine Menge Inseln, Buchten und Halbinseln aus, deren Berge unterhalb der 1000-Meter-Grenze bleiben. Eine dieser Buchten, das »Goldene Horn«, schneidet tief und gewinkelt ins Land. Eine vorgelagerte Insel schützt auch ihren Eingang. So bildet sie einen der besten natürlichen Häfen der Welt. An dieser Bucht liegt die Stadt und steigt an beiden Ufern an den Hängen hoch, so daß die Bewohner der meisten Häuser einen wundervollen Ausblick haben. Bis zur Oktober-Revolution war der Hafen stets mit Schiffen aller Nationen gefüllt, deren kriegs- und lebenswichtige Fracht laufend von der Transsibirischen Bahn abtransportiert wurde. Daß dieser Verkehr jahrelang reibungslos lief, ohne zusammenzubrechen, zeigt erneut, daß die Russen sehr wohl organisieren können, wenn sie es für notwendig halten. Nach der Oktober-Revolution füllte sich der Hafen rasch mit den Kriegsschiffen der Interventionsmächte, und die Stadt sah die Uniformen Japans, Amerikas, Englands, Frankreichs, Chinas, Italiens und last not least die der tschechischen Legion. Von diesen pittoresken und hektischen Zeiten wird noch die Rede sein.

Da die Stadt geographisch etwa auf der Breite von Mittelitalien liegt, waren die Sommer warm und die See herrlich zum Baden. Dieses Vergnügen wurde durch die riesengroßen Quallen, die teils harmlos, teils aber auch gefährlich waren, nur wenig beeinträchtigt. Die See lieferte auch die großen Tiefseekrabben, die in Büchsen als »Crabmeat« aus der UdSSR heute überall auf der Welt zu haben sind. Diese spinnenförmigen Tiere hatten einen Durchmesser von oft über einem halben Meter und wurden häufig noch lebend auf dem Markt für wenige Kopeken verkauft. Auch Seegurken, Trepang genannt, wurden in Mengen gefischt und hauptsächlich von den Chinesen gekauft.

Die Bevölkerung der Stadt setzte sich damals zu etwa einem Drittel aus Russen, einem Drittel aus Chinesen und einem Drittel aus Koreanern zusammen. Die Russen stellten die Oberschicht, die Chinesen die Arbeiter, die Handwerker und die überaus wichtigen Wasserträger, da die Stadt keine Wasserleitung besaß. Diese trugen an einer langen Stange über der Schulter zwei Blechkanister mit Wasser und riefen ihre Ware in einem gutturalen Pidgin-Russisch aus. Diese Sprache, die ich damals beherrschte, war ein wüstes Gemisch von russischen und chinesischen Worten. Heute, wo ich auf meine alten Tage begonnen habe, Sinologie zu studieren, steigt so manche linguistische Erinnerung wieder auf. Auch die sehr zahlreichen Dschunken und Sampans, größere Segelschiffe und kleinere Boote, wurden von Chinesen bedient, die auf ihren Kähnen wohnten.

Nicht immer fanden sich die Söhne Han's in der ihnen fremden Umwelt fehlerfrei zurecht. Um der Familie bei der herrschenden Wohnungsnot ein geräumiges Domizil zu verschaffen, hatte mein Vater auf ein zweistöckiges Haus ein drittes Stockwerk aufstokken lassen, das im Rohbau fertig war. Eines Morgens kamen nun einige chinesische Arbeiter, um in dem großen, mit seinen Fenstern nach der Bucht gehenden Zimmer Parkett zu legen. Als sie mit der Arbeit beginnen wollten, sahen sie in der Mitte des Raumes einen Bolzen herausragen, der mit einer Mutter gesichert war. Der mußte weg, wollte man die schönen Eichenklötzchen fein, sauber und glatt aneinanderreihen. Also wurde die Mutter abgeschraubt und mit dem großen Vorschlaghammer – feste druff! – war das Hindernis mit zwei, drei Schlägen beseitigt. Es konnte losgehen. Doch wie staunten die Chinamänner, als beim genaueren Zusehen der Bolzen plötzlich wieder da war. Mit einem mächtigen Fluch wurde das Teufelsding erneut entfernt. Doch, o Wunder, wie durch Zauberkraft kam es immer wieder hoch, denn eine Etage tiefer spielte sich unterdessen folgendes ab: Ein nicht mehr ganz junges Ehepaar lag friedlich im Bett, den halbwachen Zeitraum zwischen Nacht und Tag genüßlich auskostend, als der Mann im Halbschlaf über sich Geschäftigkeit hörte und plötzlich bemerkte, wie der schwere Kronleuchter über dem Bett sich zu senken begann. Er sprang auf, und im Bett stehend drückte er ihn mit aller Kraft wieder nach oben. Doch nicht lange, da kam der Leuchter wieder herunter. »Katja, lauf' schnell hinauf und sag den Idioten, sie sollen aufhören.« »Ich muß mich aber erst anziehen und frisieren, ich bin im Nachthemd.« »Blödes Huhn, vielleicht willst du auch noch frühstücken? Wie lange soll ich hier noch stehen bleiben? Glaubst du, daß mir das Spaß macht?« Und so kam es, daß die »Hodja's«, wie man die Chinamänner nannte, neben dem magisch immer wieder auftauchenden Bolzen plötzlich eine ungekämmte, zornige Megäre im wehenden Nachthemd stehen sahen und einen Sturzbach von chinesischen Schimpfworten auf sich niedergehen hörten, deren Niveau nur durch Unkenntnis der Feinheiten der Sprache des Konfuzius zu erklären war.

Die Stadt hatte zwei chinesische Theater, die wegen ihres exotischen Reizes gern auch von Europäern besucht wurden. Von der Handlung, der Bedeutung der einzelnen Kostüme und Gesten verstanden wir nichts. Doch freuten wir uns an dem farbenfrohen Bild und den fremdartigen Bewegungen. Die Vorstellungen dauerten viele Stunden und die dichtgedrängt sitzenden Chinesen verzehrten unterdessen Unmengen gerösteter Melonenkerne, deren Schalen nach kurzer Zeit den Fußboden bedeckten. An den Seiten des Zuschauerraums standen Männer, die Eimer mit kochendheißem Wasser hielten. In dieses dampfende Wasser wurden Tücher getaucht, welche die Zuschauer für wenige Kopeken liehen, um sich damit Kopf und Gesicht abzuwischen, eine beliebte kosmetische Maßnahme, die aber kaum als hygienisch zu bezeichnen war, denn das Tuch wurde jeweils dem Nachbarn weitergereicht, bis es kalt war. Dann flog es in hohem Bogen zum Eimer zurück, um wieder aufgefrischt zu werden. Diese von allen Seiten während der Vorstellung durch die Luft fliegenden nassen Tücher erregten immer wieder unsere Heiterkeit.

Alle Chinesen trugen damals noch Zöpfe, die mit schwarzen Schnüren bis in Höhe der Kniekehlen verlängert wurden und die man bei der Arbeit um den Kopf rollte. Der vordere Teil des Kopfes wurde, um eine hohe Stirn vorzutäuschen, ausrasiert, und überall an den Straßen saßen Barbiere, die für ein paar Kupfermünzen ihre Klienten mit dem Rasiermesser verschönten. Die Kleidung bestand bei Männern und Frauen aus Hosen und den hochschließenden Jacken mit stehendem Kragen, die an Stelle von Knöpfen einen Schlaufenverschluß hatten. Im Winter wurden wattierte und gesteppte Jacken getragen, deren Ärmel so lang waren, daß man die Hände darin verstecken konnte. Die Schuhe waren aus einem gemusterten Samtstoff gearbeitet, hatten sehr starke Sohlen, die aber nicht bis zur Spitze durchgingen, so daß das vordere Drittel des Fußes frei schwebte. Diese Schuhe waren seinerzeit in China eingeführt worden, um den landesüblichen Kotau zu erleichtern. Sie waren billig und von vorzüglicher Qualität, und wir Kinder versuchten es immer wieder mit ihnen, ohne jedoch richtig in ihnen gehen zu können. Ähnlich erging es uns auch mit den von den Japanern verkauften »Getas«, die man beim Gehen mit den Zehen an einem Riemen halten mußte, wofür es Socken gab, die wie Fäustlinge gearbeitet waren, also den großen Zeh frei ließen.

Sehr viele Chinesinnen der mittleren und älteren

Jahrgänge hatten noch sogenannte »Lilienfüße«. Diese wurden durch Bandagierung schon im Kindesalter gebildet, galten als schön und steigerten den Handelswert der heiratsfähigen Mädchen. Die wie kleine Hufe wirkenden Füße steckten in bunten Brokatschuhen; die armen Opfer trippelten auf ihnen herum, ohne ihr ganzes Leben einen richtigen menschlichen Schritt tun zu können.

Das letzte Drittel der Einwohnerschaft, die Koreaner, lebten vielfach an der Peripherie der Stadt, beschäftigten sich mit Gemüsebau und Fischfang, trieben Ackerbau, hatten meist die Tendenz, auf dem Lande zu siedeln und stellten, wiederum last not least, die für eine ostasiatische Stadt so wichtige Belegschaft der Bordelle.

Schon diese kurze Beschreibung zeigt, daß es für einen dreizehnjährigen Jungen aus dem deutsch-mittelalterlichen Reval ein ziemlicher Schock war, sich plötzlich in dieser Umgebung wiederzufinden.

Die Gegend hatte ausgesprochenes Monsun-Klima. Im Sommer war es sehr warm, es wurde aber auch sehr feucht, und die warmen Südost-Winde brachten von Japan viel Regen. Die Vegetation entsprach diesem Klima. Vieles, was in unseren Gärten dank sorgfältiger Pflege blüht, wuchs dort wild und in Mengen, so eine frühe, blaßviolette, strauchartige Azalee, die Feuerlilie, die Staudenaster, die blaue Schwertlilie, eine Weinrebe, vitis amurensis, aus der die deutschen Kriegsgefangenen einen sehr brauchbaren Wein machten, und mancher Baum unserer Parks. Viel gesucht wurde auch der geheimnisvolle echte Ginseng, für den die Chinesen unwahrscheinliche Summen zahlten, hieß es doch von ihm, daß er verbrauchte Lebenskräfte wundertätig wiederherstellte.

Eine besondere Attraktion war ein riesengroßer, metallischgrün schillernder Schmetterling, eine Machao-Art, die recht häufig war und die man eigentlich für ein Geschöpf der Tropen hätte halten müssen. Auch die Nachtschmetterlinge waren ziemlich ausgewachsene »Vögel«, die besonders in abgelegenen Gegenden der Berge nachts mit einer Wucht ans Licht flogen, daß man glauben konnte, es wären Fledermäuse. Unter den Raubtieren des Landes gab es den sibirischen Tiger, der bekanntlich größer ist als der indische. Er wurde geschossen. Der gefleckte Leopard war häufiger. Ihm konnte man im Walde begegnen, ohne daß dabei irgendeine Gefahr bestand. Vieh wurde allerdings öfter gerissen, und auch mit Schaden durch Bären mußten die Bauern rechnen. Die wirkliche und ernste Gefahr, die mir jedoch bei meinen weiten und einsamen Wanderungen drohen konnte, waren die Hungusen, chinesische Räuberbanden, die begüterte Bürger oder deren Kinder fingen und dann hohe Lösegelder erpreßten. Zum Glück haben sie mich nie erwischt.

Der Herbst mit seinem klaren Himmel und seinen unwahrscheinlich bunten Farben war herrlich. Doch dann schlug der Wind über Nacht auf Nordwest um; es kam der fürchterliche Winter.

Zwar schien fast immer die Sonne, aber ein sturmartiger Wind fegte mit 20 bis 25 Grad Kälte aus Nordsibirien herein, ungeheure Staubwolken aufwirbelnd.

So feucht es im Sommer war, so trocken wurde es im Winter. Während im Sommer Schränke und Türen so gequollen waren, daß sie nicht mehr schlossen, entstanden im Winter mehrere Zentimeter breite Spalten, so daß kein Schloß mehr packte. Ich habe es erlebt, daß ganze Möbelstücke im Winter plötzlich zu einem Haufen Bretter zusammenfielen, vor dem die Hausfrau dann verzweifelt die Hände rang. Schnee war selten, und er fiel nur, wenn die feuchte Meeresluft gelegentlich bis zum Festland vordrang. Dann allerdings gab es Schneestürme von unwahrscheinlicher Heftigkeit, »Purga« genannt, die schlagartig jeden Verkehr lähmten. Der Schnee war äußerst feinkörnig und trocken und wurde vom Sturm zu ungeheuren Wächten zusammengefegt. Wenn tags darauf dann wieder die Sonne bei starkem Frost und heftigem Wind schien, verdunstete die weiße Pracht sehr rasch, ohne zu schmelzen, und Staub, Kälte und Sturm herrschten wieder wie vorher.

Wer es sich leisten konnte, trug die sibirischen Pelze, »Docha« genannt, die aus Rentierfell gearbeitet und mit hübschen Mustern verschiedenartiger Pelzfarben verziert waren. Um dem eiskalten Wind keinerlei Durchlaß zu bieten, waren sie ganz geschlossen und ohne Verschlüsse gearbeitet. Sie wurden über den Kopf an- und ausgezogen. Wenn abends Gäste kamen, war diese Prozedur des Ausziehens der Mäntel recht kompliziert, der Kavalier mußte nämlich der Dame den Pelz über den Kopf ziehen, ohne die Frisur zu beschädigen, was einiges Geschick erforderte.

Wir Schüler allerdings durften auch im strengsten Winter nur die vorgeschriebenen Militärmäntel und

Mützen tragen, und sogar Ohrenschützer waren verboten. Diese spartanische Vorschrift mag sehr nützlich gewesen sein, sie war aber auch recht schmerzhaft.

In der Straßenbahn, die Stadt hatte damals zwei Linien, durften wir uns nicht setzen, auch wenn genügend freier Platz zur Verfügung stand. Der Besuch von Restaurants oder Cafés, auch in Begleitung der Eltern, war verboten. Die Straßenbahn hatte zwei Klassen. Es gab eine Bestimmung, nach der Chinesen und Koreaner die zweite Klasse zu benutzen hatten. Dieses heute als Apartheid bezeichnete Prinzip wurde aber auf typisch russische Weise durchbrochen. Wir hatten in der Schule auch chinesische und koreanische Schüler, die, da sie wie wir Uniformen trugen, in der ersten Klasse fahren mußten. Der Grundsatz, daß Rang und Stellung, früher durch die Uniform erkennbar gemacht, heute durch die Funktion im Staate bestimmt, alles bedeutet, die Herkunft der Person jedoch weniger oder nichts, hat sich von der zaristischen Zeit bis in unsere Tage erhalten. Wenn und solange dieses Prinzip gewahrt bleibt, spricht der Russe von Demokratie, die Herrschaft des Stimmzettels kann seiner Ansicht nach hierzu beitragen, sie braucht es aber keineswegs, und es ist nicht selten, daß sie es sogar verhindert.

Aus heute aktuellem Anlaß muß noch einiges zu den damals dort ansässigen Chinesen gesagt werden. Als die Russen vor rund hundert Jahren das Gebiet besetzten, und zwar von der See her, war es fast menschenleer. Die einzigen Bewohner waren herumziehende Jäger und Fischer paläoasiatischer Herkunft, in der Gegend um Wladiwostok waren es insbesondere Giljaken (Niwchen). Erst nachdem die Russen seßhaft geworden waren, strömten Chinesen und Koreaner ins Land. Diese Chinesen waren teils Mandschuren, teils richtige Chinesen, meistens aus der Gegend von Tschifu, die sich jedoch ziemlich getrennt hielten und sehr verschiedene Dialekte sprachen.

Die eigentliche Mandschurei nun, die heute die vieldiskutierte Grenze zur Sowjetunion bildet, ist erst 1945 zu China gekommen. Bekanntlich eroberten die Mandschus gegen Ende des 17. Jahrhunderts China und gründeten die Mandschu-Dynastie, die letzte kaiserliche Dynastie des Landes. Die mandschurischen Besatzungstruppen und die mandschurische Aristokratie hielten sich jahrhundertelang von den Chinesen getrennt, und es war Chinesen untersagt, in der Mandschurei zu siedeln.

Nach dem Sturz der Dynastie etablierte sich in der Mandschurei die Regierung des Marschalls Tschang-tso-lin, und das war die Zeit, über die ich hier berichte. Später gründeten die Japaner unter dem letzten Kaiserspross Pu-ji das sogenannte Mandschukuo, das bis zum Ende des Zweiten Weltkriegs bestand. Zwar waren im Laufe der Zeit immer mehr Chinesen ins Land gekommen, und heute kann man die Provinz als chinesisch betrachten, doch ändert das nichts an der Tatsache, daß die chinesische Besiedlung erst nach Abschluß der Pekinger Verträge von 1860 erfolgte. Übrigens hatte die Sowjetunion 1935 ihre Rechte an der ostchinesischen Bahn an Mandschukuo verkauft. Sie erhielt sie 1945 zurück und trat diese zusammen mit ihren Rechten an den Häfen von Porth Arthur und Dairen 1946 freiwillig an China ab. Die Weiterentwicklung in diesem Raum ist natürlich zur Zeit der Niederschrift dieser

Zeilen nicht abzuschätzen, doch erscheint im Rahmen dieser wunschbestimmten Berichterstattung eine kleine historische Abschweifung nicht überflüssig. Aber zurück zu unserer eigenen Familie und ihren kleinen Schicksalen.

Das Problem, eine Wohnung zu finden, war nicht leicht zu lösen, denn die gleichen Motive zur Umsiedlung, die für uns galten, hatten auch viele andere in Bewegung gesetzt. Zunächst kamen wir auf der gleichen Etage unter, auf der sich das Büro meines Vaters befand. Für mich allerdings war dort kein Platz, und ich erhielt einen Raum in einem Flügel des Hauses, in dem die chinesischen Hilfskräfte wohnten. Hier war meines Bleibens allerdings nicht lange, denn die dort hausenden Chinamänner benutzten ihre Unterkunft als Spielhölle, um nächtelang ihrer erzchinesischen und übermächtigen Spielleidenschaft zu frönen. So wurde für mich bei einer älteren Russin, einige hundert Meter entfernt in derselben Straße, ein Zimmer gemietet, wo ich schlafen sollte. Die Tatsache, daß ich schon mit 13 Jahren weder im Internat noch zu Hause, sondern meist allein wohnte, hat bestimmt einen Einfluß auf meine Entwicklung gehabt, auch wenn ich später in einer anderen Wohnung wieder zur Familie zurückkehrte. In diesem Zimmer konnte kein Familienmitglied mit oder ohne Anklopfen plötzlich auftauchen, Fragen stellen, Wünsche äußern oder Dienstleistungen erbitten. Aus der sehr guten Marinebibliothek entlieh ich mir nach Herzenslust Bücher und las sie ungestört als dreizehnjähriger Bub in meinen eigenen vier Wänden. Und blicke ich heute als alter Mann auf mein Leben zurück, so erscheint es mir oft als eine lange

Folge von verschieden gefärbten, getünchten und geformten vier Wänden und einer schier endlosen Reihe von dicken und dünnen, bunten und grauen, leichten und schweren Büchern. Eine Zeitlang sogar bestanden diese vier Wände aus einem in den Boden des berüchtigten Lagers Remagen gegrabenen Erdloch, aber in einer kleinen, in die Seitenwand eingebauten Nische hatte ich auch dort Bücher, die ich mir mehr schlecht als recht zu beschaffen wußte.

Die große Umstellung für mich bedeutete vor allem der Übergang von der überwiegend deutschen Domschule in Reval auf die ganz russische Kommerzschule in Wladiwostok. Dieser Typ einer Schule ist bei uns unbekannt, existiert übrigens heute auch in der Sowjetunion nicht mehr und bedarf einiger Erläuterung.

Im alten zaristischen Rußland unterstand das Schulwesen dem Ministerium für Volksaufklärung, im Volksmund »Ministerium für Volksverfinsterung« genannt. Und infolgedessen waren die als Realschulen und Gymnasien geführten Anstalten wegen ihrer reaktionären Haltung bei der in Rußland eh und je linksprogressiven Intelligenz nicht sehr beliebt. Findige Köpfe dieser Intelligenz kamen bald auf einen eleganten Ausweg. Kommerzschulen, die ebenfalls zum Abitur führten, unterstanden nicht dem Ministerium für »Volksverfinsterung«, sondern dem Handelsministerium, und das hatte ganz andere Sorgen, als sich um die politische Beeinflussung in diesen Schulen zu kümmern. So wurden denn in vielen Städten des Reiches von wohlhabenden Bürgern solche Schulen gegründet, die lediglich verpflichtet waren, außer den üblichen Fächern auch Buchführung, Warenkunde, Handelsrecht und Handelskorrespondenz zu unterrichten, jedoch im übrigen tun und lassen konnten, was sie wollten.

Die Kommerzschule in Wladiwostok war ein ganz modernes, freiliegendes großes Gebäude, in dem neben Aula und Turnsaal schon 1915, ich wiederhole: 1915, ein Filmsaal vorhanden war, wo wir Schüler geliehene Filme auf schuleigener Apparatur vorführten. Wir hatten ein eigenes Landheim außerhalb der Stadt an der See. Um die Mittagszeit bekamen wir in einem Eßsaal unentgeltlich ein warmes Essen, in der letzten Klasse saßen wir einzeln an Schreibtischen, und während des Unterrichts servierte ein Schuldiener Tee. Wohlverstanden, den Schülern, nicht nur dem Lehrer. Ich möchte noch einmal wiederholen: das war 1915 in Ostsibirien.

Das Problem, das der Besuch dieser Schule mit sich brachte, tauchte wesentlich später auf, und das kam so: Als ich im Jahre 1920 in Berlin an der Friedrich-Wilhelm-, heutigen Humboldt-Universität mit dem Studium der Chemie begann, wurde ich zunächst mit der kleinen Matrikel aufgenommen, und es wurde mir vom preußischen Kultusministerium vorgeschrieben, innerhalb von vier Semestern an einer deutschen Oberrealschule in den Fächern Mathematik, Physik, Chemie und Deutsch als Externer das Abitur nachzuholen. Dieser Aufforderung kam ich nach. Die Prüfung verlief ohne besondere Zwischenfälle. Lediglich der Chemielehrer wollte die seltene Gelegenheit, einen Chemiestudenten zur Prüfung vor sich zu haben, dazu benutzen, um vor dem Provinzialschulkollegium, seiner Dienstbehörde, zu glänzen. Aus diesem Grunde stellte er Fragen, die sein weit über das Unterrichtspensum reichendes Wissen dokumentieren sollten, leider aber den von ihm beabsichtigten Effekt nicht erzielten. An meine nie sehr ausgebildeten diplomatischen Fähigkeiten stellte diese Prüfung allerdings ziemlich hohe Anforderungen.

Immerhin, mit diesem neuen Papier bewaffnet, ließ ich mich voll immatrikulieren, studierte munter fort, machte meine Doktorarbeit und meldete mich zwecks Prüfung und Promotion zu gegebener Zeit beim Dekanat der Philosophischen Fakultät, denn Chemiker machten damals in Berlin den Dr. phil. Meldete man sich zur Prüfung in Philosophie beim alten Riehl, dem damaligen Ordinarius, so pflegte sich folgender Dialog zu entfalten:

»Herr Professor, ich möchte mich bei Ihnen zur Prüfung anmelden.«

»So, so, was haben Sie denn studiert?«

»Ich bin Chemiker, Herr Professor.«

»So, so, Herr Kandidat, Chemiker, also Handwerker.«

Dekan war damals der Geologe Pompecki. Er sah sich meine Papiere an, musterte mich mit strengem und hoheitsvollem Blick und sagte: »Herr Kandidat, mit diesen Unterlagen können Sie bei uns nicht promovieren, sie reichen nicht aus.«

»Euer Spektabilität, mir sind seinerzeit vier Ergänzungsprüfungen an einer deutschen Oberrealschule zur vollen Immatrikulation vorgeschrieben worden, und die habe ich abgelegt. Hier sind die Unterlagen.«

»Herr Kandidat, das reicht nach wie vor nicht aus, Sie

haben für unsere Anforderungen zu wenig Fremdsprachen. Wir verlangen als Zulassung zur Promotion mindestens zwei, und Sie haben nur eine, nämlich Englisch.«

»Aber Herr Professor, ich habe doch sogar drei Fremdsprachen, nämlich Englisch, Deutsch und Japanisch.«

»Junger Freund, Sie haben nur eine: Japanisch erkennen wir nicht an, und Deutsch ist Ihre Muttersprache, bleibt also nur Englisch.« Da ritt mich der logische Teufel, aller Teufel gefährlichster, und ich sagte: »Euer Spektabilität, wenn Sie Deutsch, meine Muttersprache, nicht als Fremdsprache anerkennen und Japanisch nicht vorgesehen ist, dann bleiben immer noch Englisch und Russisch, also zwei.«

»Herr Kandidat, Russisch ist bei Ihnen keine Fremdsprache, sondern die Unterrichtssprache. Deutsch ist Ihre Muttersprache, es bleibt also nur eine, nämlich Englisch. Es tut mir leid.«

Viel später las ich den schönen Ausspruch von Victor Hugo: »Wenn ich morgen beschuldigt werde, die Türme von Notre Dame gestohlen zu haben, dann fliehe ich außer Landes.«

So aber ging ich, mit einer selbst besorgten Empfehlung gerüstet, zum preußischen Kultusminister und klagte ihm mein Leid. Und dieser sprach wie folgt:

»Junger Mann, bei dieser Sache geht es gar nicht um Ihre Person, sondern um den Streit der souveränen, rechtsgerichteten Universität und dem sozialdemokratischen preußischen Kultusminister. Unsere Ihnen damals auferlegten Ergänzungsprüfungen kann die Fakultät zwar ablehnen, und sie tut es auch, um *uns* zu ärgern, nicht *Sie*. Ein volles, deutsches Abitur aber kann sie nicht ablehnen, und nun werden wir die Herren Professoren unsererseits ärgern. Wir haben hier im Ministerium nächste Woche einen Offiziersaspirantenkursus der Schutzpolizei, der sein Abitur macht, und da stecken wir Sie einfach zwischen die Kandidaten. Die werden sich wundern.«

Gesagt, getan, ich bekam, allerdings nur für die Prüfungsstunden, eine schöne Uniform und einen Tschako und stieg nun zum dritten Male, nicht gerade als der Jüngste, wieder ins Abitur. Es war so um die Zeit der Ruhrbesetzung, Frankreich war der Erzfeind und Poincaré der Teufel in Person, und so fingen wir mit einem französischen Aufsatz an zum Thema: »Die Verwüstung der Pfalz unter Ludwig XIV.«

Während ich aber in schlechtem Französisch das Heidelberger Schloß in die Luft gehen ließ, hatte ich mich schon entschlossen, die Unternehmung abzubrechen und in Frankfurt zu promovieren, wo ich den Ordinarius persönlich kannte und wo die Fakultät offensichtlich nicht ganz so streitsüchtig war. Die Universität war ja dort auch erst während des Krieges gegründet worden und hieß nicht nach Friedrich Wilhelm, dem König von Preußen, sondern nach Johann Wolfgang Goethe.

Aber zurück nach dieser Abschweifung ins Jahr 1915 und in die schöne Hafenstadt Wladiwostok. Besagte Schule wurde von einem Direktor geleitet, der eine ziemlich ungewöhnliche Persönlichkeit war. Ukrainischer Herkunft, zeitweilig Mitglied der Duma, also des Parlaments, persönlicher Freund des späteren Volkskommissars für das Bildungswesen, Lunatscharski, war er seinerzeit mit dem Aufbau der Schule in Wladiwostok beauftragt worden, wo ihm sehr reichliche Mittel zur Verfügung gestellt wurden, mit der Absicht, der Regierung zu zeigen, wie eine Schule eigentlich aussehen sollte. Seine Frau war Chefärztin des Städtischen Krankenhauses und infolge dieser anstrengenden beruflichen Tätigkeit nicht in der Lage, ihren häuslichen und ehelichen Pflichten ausreichend nachzukommen. Ohne sich um kleinbürgerliche Vorurteile allzusehr zu kümmern, wohnte daher seine Geliebte mit ihm im Hause, von den vier Kindern mit Tante angeredet, was von seiner Frau nicht nur geduldet, sondern teilweise sogar begrüßt wurde. Gelegentlich allerdings führten diese etwas komplizierten familiären Verhältnisse zu jähen Zornausbrüchen, bei denen er sich nicht genierte, bei Tisch einen Teller mit Suppe gegen die Wand zu schmettern, so seinen Ausführungen den nötigen Nachdruck verleihend. Man nahm das nicht so tragisch, sondern ließ anschließend einen Mann kommen, der das Zimmer neu tapezierte, das war alles.

Die Frage ist berechtigt, woher ich über das Familienleben meines Direktors so gut informiert war. Nun, seine jüngere Tochter war meine erste große Liebe, und durch sie erfuhr ich mehr über das Privatleben meines Direktors, als einem Schüler eigentlich zusteht. Dieser Mann verfügte neben sonstigen ausgefallenen Eigenschaften über eine ganz besondere Fähigkeit, die ihm auch in den schwierigsten Situationen Autorität verschaffte, und das war eine ungeheuerliche Stimmgewalt. Ich habe das Zusammenbrechen mancher, auch gut fundierten Autorität mehrmals erlebt, und auch heute wieder ist so etwas Ähnliches im Gange. Damals aber, als zum Beispiel im Zuge der Oktober-Revolution und der anschließenden allgemeinen Auflösung Jugendliche nicht mit Tomaten und Eiern, sondern mit geladenen Pistolen in der Schule revoltierten, brachte dieser Mann es fertig, allein kraft seiner Stimme die Revoluzzer einzuschüchtern. Er brüllte so unmenschlich laut, daß selbst gefährlich bewaffnete Hände an die Hosennaht sanken. Wie das sprichwörtliche Löwengebrüll wirkt überdimensionierte Lautgebung von seiten des Menschen zwingend auf irgendwelche archaischen Schichten der menschlichen Psyche, und zwar unmittelbar, unter Umgehung des Verstandes und seiner Fähigkeit, die realen Machtverhältnisse richtig einzuschätzen. Wenn ich heute von Studenten- und Schülerunruhen, von Autoritätsschwund und Tätlichkeiten höre, muß ich immer an diesen Mann denken, der zu einer Zeit, wo es keine Polizei mehr gab, die gerufen werden konnte, bewaffneten Aufruhr einfach niederbrüllte. Ich habe diese magische Wirkung des Brüllens später noch häufiger beobachten können und möchte allen, die in ähnliche Lagen kommen oder kommen können, empfehlen, ihre Stimmbänder zu trainieren. Hundert Phon sind wohl mit dem Kehlkopf kaum zu erreichen, sie wären aber ein erstrebenswertes Ziel.

Während der Revolution und des Bürgerkrieges flohen auch zahlreiche Universitätsprofessoren aus dem europäischen Rußland in den Fernen Osten und suchten an der Schule Unterschlupf. So hatten wir zum Schluß, als ich dort mein Abitur machte, ein Lehrerkollegium, wie kaum eine Schule es in normalen Zeiten aufweisen kann. Die ersten zwei Jahre allerdings herrschte noch der Zar aller Reußen, Nikolaus II., und dort hinten, am anderen Ende der Welt, merkte man nicht viel vom Kriege. Morgens traten wir, schön uniformiert, klassenweise in der Aula zur Andacht an, an der Stirnwand hing ein lebensgroßes Ölgemälde des Zaren in goldenem Rahmen, davor stand ein Podium, auf dem der orthodoxe Geistliche im Ornat eine kurze Liturgie zelebrierte, flankiert von stimmlich besonders begabten Schülern, die die schönen russischen Kirchenlieder sangen. Die orthodoxe Kirche kennt ja weder die Orgel noch den Gemeindegesang, sondern nur den Chor, dessen Leistungen dank der hohen Musikalität des Volkes selbst im kleinsten Dorf noch beachtlich waren.

Wir hatten einen Kameraden, der eine ungewöhnlich schöne, klare Stimme besaß. Er starb plötzlich im Alter von 16 Jahren. Seine Beerdigung war eine der ersten, an der ich bewußt teilnahm.

Die orthodoxe Totenfeier wird oft im Hause des Verstorbenen gehalten, die Trauerfarbe ist weiß, der Tote liegt im offenen Sarg, die Trauergemeinde steht, jeder eine brennende Kerze in der Hand. Die Priester in schwerem Brokat singen mit herrlichen Baßstimmen das Requiem. Dann tritt jeder an den offenen Sarg und verabschiedet sich vom Toten, ein sehr persönlicher Abschied verglichen mit unserem Brauch, nur dem geschlossenen Sarg seine Referenz zu erweisen.

Bei der Beisetzung dieses Kameraden war ich bereits Mitglied unseres Blasorchesters und spielte die zweite Flöte. Wir marschierten, wie es sich gehört, mit Chopins Trauermarsch hinaus zum Friedhof, und mit dem Militärmarsch »Alte Kameraden« wieder zurück. Und am Grabe feuerten die Freunde die Ehrensalve, denn wir wurden schon als Schüler vormilitärisch ausgebildet, im Exerzieren und mit der Waffe.

Es war zum ersten Male, daß ich dem Tod so bewußt begegnete, und obgleich er nur am Rande meines Lebenskreises aufgetaucht war, beeindruckte mich diese Begegnung doch sehr stark. Freilich habe ich über das Phänomen als solches und alle Fragen, die es aufwirft, erst später ernsthafter nachgedacht und versucht, ein für mich überzeugendes Verhältnis dazu zu finden. Am intensivsten wohl nach dem plötzlichen Tod meiner Mutter im Januar 1928. Ich war damals gerade von Berlin an den Rhein gezogen. Ich vergesse jenen Sonntagabend nie, als ich etwas angeschlagen von meinem ersten Besuch bei einer Herrensitzung des Kölner Karnevals auf meine Junggesellenbude zurückgekehrt, das Telegramm mit der Nachricht von ihrem Tode vorfand. Sie war völlig unerwartet nach drei Tagen Krankenlager an einer Meningitis gestorben. Es gelang mir damals nur unter ziemlichen Schwierigkeiten, das weit entfernte Riga rechtzeitig zur Beerdigung zu erreichen. Auf dem tiefverschneiten Friedhof hielt ihr persönlicher Freund, der Bischof Gelderbloem, die Grabrede. Wie ein Fels der Zuversicht und des Lebens stand der massige Mann am offenen Grabe. Wenige Tage später starb er selbst, genau so unerwartet.

Ich habe mir dann später bei der Beschäftigung mit der Frage, ob es ein Leben nach dem Tode, ob es eine Existenz vor der Geburt gäbe, und was dies nun eigentlich sei, dieses »Ich«, kurzum mit allen jenen Fragen, auf die es keine beweisbaren Antworten gibt, als eingefleischter Naturwissenschaftler die Vorstellung von einer Art »geistiger Feld-Theorie« zurechtgelegt. Der Gedanke, daß das »Ich« nur eine vorübergehende Verdichtung sei, eine »Knotenbildung« in einem allgemeinen geistigen Felde, daß alles Lebende Teil eines großen Ganzen, daß Persönlichkeit nur eine temporäre Vereinsamung und Isolierung aus einer großen, alles umfassenden Geistigkeit sei, hat für mich immer viel Einleuchtendes und wahrhaft Tröstliches gehabt. Daß solche Gedankengänge mehr mit ostasiatischem Denken als mit den religiösen und philosophischen Vorstellungen des christlichen Abendlandes zu tun haben, ist mir voll bewußt. Seit jenem für mich so einschneidenden Augenblick, damals auf dem winterlichen Rigaer Friedhof, habe ich mir über gut vierzig Jahre hinweg ein ziemlich kühles und reserviertes Verhältnis gegenüber der Kirche bewahrt, deren Taufe ich einst empfangen hatte. Und ich glaube, damit nicht schlecht gefahren zu sein. Was schließlich speziell das Verhältnis zum Tode anbelangt, so wünsche ich mir etwas von der Gelassenheit des Komponisten Auber, der als Neunzigjähriger auf dem Heimweg vom Begräbnis eines nahen Freundes zu seinem Begleiter sagte: »Ich fürchte, das war das letzte Mal, daß ich an einer solchen Feier als Amateur teilgenommen habe.«

Bei uns hier im Westen geistert seit langem die Vorstellung von einer ganz besonders intensiven Religiosität des russischen Volkes. Heute wird diese Vorstellung ganz offensichtlich von der Hoffnung genährt, in der Kirche einen aussichtsreichen Kämpfer gegen den verhaßten Kommunismus zu finden. Daß man damit dieser Kirche einen veritablen Bärendienst erweist, will man nicht sehen. Und für die westliche Beurteilung der früheren, also vor-revolutionären, kirchlichen Verhältnisse in Rußland gilt, daß man sehr häufig ihre äußere Erscheinung auch für ihr inneres Wesen hält. Die Gestalt des orthodoxen Gottesdienstes geht weit über alles hinaus, was selbst die römische Kirche an kunstvoller Feierlichkeit zu bieten vermag. Zwar sind die unzähligen Kathedralen Westeuropas größer, imponierender und architektonisch reizvoller als die Kirchenbauten Rußlands, aber wenn man den Innenraum russischer Kirchen betritt, ist man von der Pracht und zugleich der Harmonie der Formen und Farben überwältigt und von der herrlichen Musik beeindruckt. Neben der abergläubischen und primitiven Religiosität des russischen Bauern vor der Revolution, die hier nicht zur Debatte steht, war es dieser von seiten der Kirche angebotene Sinnenrausch, der die gebildeten Schichten des Volkes anzog, die Freude am formvollendeten Pomp, der geweiht war durch den höheren Zweck, dem er diente.

Der inneren Substanz der Kirche stand man jedoch äußerst skeptisch gegenüber. Wer sich hierüber informieren will, sollte die auch heute noch lesenswerten Bücher von Leskow lesen. Die höhere oder sogenannte weiße Geistlichkeit unterlag dem Zölibat, rekrutierte sich aus den Mönchsorden und hatte oft in den Klöstern auf dem griechischen Berge Athos, jener eigenartigen Männerkolonie auf der Halbinsel Chalkidike, studiert. Die niederen oder schwarzen Geistlichen waren verheiratet, hatten nur eine Ausbildung im Priesterseminar genossen und lebten, besonders auf dem Dorf, als Bauern unter Bauern. Weder in seiner Tätigkeit als Ackerbauer unterschied sich der Pope von seiner Gemeinde, noch stand er in der altehrwürdigen Sitte des Saufens hinter den Pfarrkindern zurück. Das führte dazu, daß seine Autorität und sein Ansehen sehr gering waren. Es gab ungezählte Popenwitze, und sie wurden überall oft und gern erzählt. So hat es denn auch keinen Kenner überrascht, daß 1917 im angeblich so zarentreuen und gläubigen russischen Volk Zarismus und Kirche zusammenstürzten wie ein Kartenhaus.

Heute genießt die Kirche in der Sowjetunion den großen Vorteil, daß sie arm und verfolgt ist. Das trägt ihr natürlich Sympathien zu, echte und unechte. Zu dem aus westlicher Sicht gewünschten Antidotum gegen den Bolschewismus kann sie aber nicht werden, denn dazu fehlt ihr die wichtigste Voraussetzung, die religiöse Beeinflussung der Jugend. Aus der Verhaltensforschung wissen wir heute, daß die Prägung in der Jugend für das Verhalten im weiteren Leben entscheidend ist. Das weiß die Kirche im Westen, aber auch die Kommunisten im Osten wissen es. Und dabei wird es vermutlich bis auf weiteres bleiben. Die Rolle des Christentums und der Kirche in Vergangenheit, Gegenwart und vor allem Zukunft ist, weiß Gott, ein reizvolles Thema, aber auch, um mit Fontanes Briest zu sprechen, »ein weites Feld«.

Ein Blick auf die Karte lehrt, daß Wladiwostok ganz nahe bei Japan liegt, und dieses Land war für den mit irdischen Gütern ausreichend gesegneten Teil der Bevölkerung ein beliebtes Reiseziel. Zweimal, 1916 und 1920, war ich für mehrere Monate in Japan, also zu einer Zeit, als dieses Land sich von dem Bild, das es heute bietet, sehr wesentlich unterschied.

Frauen trugen damals noch ausnahmslos und Männer fast immer Nationaltracht. Die lang herunterhängenden Kimonoärmel dienten als Taschen, in denen man seine Utensilien herumtrug. Zu diesen gehörten neben dem Fächer für Mann und Frau auch die eigenartigen, langen Tabakspfeifen mit einem winzigen Kopf von etwa Erbsengröße. Man rollte eine kleine Kugel aus Tabak, stopfte sie in die Pfeife, machte etwa 10 Züge und klopfte sie dann wieder aus. Aus den japanischen Gasthäusern war dieses Klopfen durch die leichten, verschiebbaren Wände in der Stille der heraufziehenden Nacht stundenlang zu hören. Die japanischen Frisuren, die heute die Geishas nur noch als Perücken zum Dienst überstülpen, waren damals echt und wurden von jeder Frau getragen. Da man sie unmöglich jeden Morgen frisch aufbauen konnte, schliefen die Frauen auf kleinen Holzstützen mit freischwebendem Kopf, eine Kunst, die bestimmt gelernt werden wollte.

Automobile waren in jenen Jahren noch selten und in Japan fast nicht vorhanden, aber auch Pferdefuhrwerke fehlten, da es keine Straßen, sondern nur enge Wege gab. Meistens ging man zu Fuß, Lasten wurden an Tragestangen über der Schulter balanciert, und wer es sich leisten konnte, fuhr mit der Rikscha. Diese standen in Reihen vor den Hotels und an zentralen Punkten der Stadt wie heute die Taxis und waren zweirädrige, gummibereifte Fahrzeuge, in denen ein oder zwei Personen Platz hatten und die von einem zwischen den langen Deichseln laufenden Kuli gezogen wurden. Saß man darin, so hatte man den gewölbten Strohhut des Läufers vor sich und konnte das Muskelspiel von Schulterblättern und Rücken beobachten. Mit einer Fahrradglocke an der Deichsel oder lieber noch mit kehligen und keuchenden Rufen schaffte sich der Mann in den dichtbevölkerten Straßen freie Bahn.

Die japanischen Eisenbahnen hatten damals die schmale, sogenannte Kapspur. Im Wageninneren saßen auf langen Bänken an den Längsseiten die Japaner im Kimono mit untergeschlagenen Beinen wie zu Hause auf den Matten. Der Zwischenraum zwischen den Bänken glich nach kurzer Zeit einem Müllhaufen, allerhand Papier, das den verschiedenartigsten Zwecken gedient hatte, kleine Spanschachteln, in denen Reis und andere Lebensmittel verkauft wurden. Obstschalen lagen herum, und viel Spucke gab dem Ganzen den nötigen Zusammenhalt. Alle Stunde kam dann ein Mann, fegte alles zusammen und beförderte es ins Freie, worauf das Spiel von vorne begann. Kleine Teekannen, wie man sie gelegentlich auch bei uns sieht, konnte man mit heißem Tee gefüllt auf jeder Station kaufen. Waren sie leer, wurden sie an der Außenwand des Wagens an eigens dafür bestimmten Haken angehängt, so daß der Teeservice sie an der nächsten Station wieder abnehmen konnte.

Besonders erheiternd war es, wenn dem Zug ein Salonwagen angehängt war, in dem ein Mitglied des kaiserlichen Hauses reiste. Dann waren längs der ganzen Strecke Schulklassen mit ihren Lehrern angetreten, Beamte und Bauern, Polizisten, viele Polizisten und sonstiges Volk, alle mit dem Rücken zum durchfahrenden Zug, denn die Höflichkeit verbot es, der göttlichen Familie das Gesicht zuzuwenden. Ursprünglich war diese Maßnahme zur Verhütung allfälliger Attentate gedacht. So fuhr man stundenlang durch ein Spalier von Hinterseiten, die Oberkörper beugten sich beim Durchfahren des Zuges nach vorn, als würden sie von einem Windstoß nach beiden Seiten auseinandergedrückt. Es war ein unvergeßlicher Anblick.

Freilich fuhren damals noch Kohlelokomotiven, und wenn sie kaiserliche Fracht beförderten, mußten die Heizer und Lokomotivführer aus angemessenem Respekt weiße Zwirnhandschuhe tragen. Da diese bei solcher Tätigkeit unmöglich weiß bleiben konnten, halfen sich die Männer anders. Sie stocherten, schaufelten und bedienten ihre Hebel ganz normal. Lief jedoch der Zug in eine Station ein, so zogen sie rasch, aber vorsichtig die Handschuhe an, und wenn der Stationsvorsteher zur Maschine eilte, um die Einhaltung der kaiserlichen Vorschrift zu kontrollieren, hielten Heizer und Führer ergebungsvoll grinsend ihre weißgeschmückten Hände zum Fenster heraus. Heute, wo man auch in Japan elektrisch fährt, könnte man die Vorschrift eigentlich wieder einführen.

Als ein leidenschaftlicher Radfahrer, der ich bis heute in meine alten Tage geblieben bin, habe ich damals Japan, die Pedale tretend, erforscht.

Das Erlernen der edlen Kunst des Radfahrens ist mir ganz außerordentlich schwer gefallen. Mein Vater, der von dem in diesen Dingen nicht ganz nach seinem Sinne geratenen Sohn eine sehr geringe Meinung hatte, konnte es nicht fassen, warum ich etwas, was andere Kinder spielend in Stunden lernten, in Tagen und Wochen nicht fertigbrachte. In einem abgelegenen, stillen Park hievte er mich auf den Sattel, schob das Rad an, und lief mit mir los. Solange ich ihn hinter mir wußte, ging alles glatt. Auch wenn er das Rad losließ und stehen blieb, radelte ich fröhlich weiter. Wenn er dann aber aus einiger Entfernung erfreut rief: »So, nun kannst du es ja!« und ich dadurch plötzlich merkte, daß ich schon eine ganze Weile alleine gefahren war, verlor ich prompt das Gleichgewicht und plumpste wie ein Mehlsack zu Boden. Ein Beispiel dafür, wie wichtig die Illusion der Sicherheit ist.

Lafcadio Hearn hat bekanntlich Japan um die Jahrhundertwende unvergleichlich poetisch beschrieben, und vieles von der von ihm geschilderten Stimmung war in meinen Jugendjahren noch lebendig. Das Bestreben, die Zivilisation harmonisch in die Natur einzugliedern, jene so wundervoll unaufdringliche Synthese von künstlich Geschaffenem und organisch Gewachsenem gab dem Lande eine bezaubernde Ruhe, wie sie auf alten Landschaftsbildern auch heute noch den Beschauer fesselt.

Kam ich auf meinem Stahlroß als blonder, blauäugiger fremdartiger Teufel in irgendein abgelegenes Dorf, so strömte alt und jung zusammen, um das seltene Schauspiel zu genießen. Und rasch erschien auch die allgegenwärtige Polizei, mit langem Schleppsäbel bewaffnet, um Ruhe und Ordnung wiederherzustellen, den Fremdling vor Zudringlichkeiten zu schützen und das Volk in die ihm gebührenden Schranken zu weisen. Wollte ich irgendwo in der See baden, so war es nicht leicht, einen Platz zum Umziehen zu finden. Hatte ich mich zu diesem Zweck im Laderaum einer auf Strand gezogenen Dschunke verkrochen und stieg in der Badehose durch die Luke wieder ans Tageslicht empor, so erblickte ich ein gutes Dutzend Japanerinnen, die über den Rand gebeugt, mit Interesse dem Prozeß gefolgt waren. Man empfand den Europäer nicht als vollwertigen Menschen, sondern eher wie ein eigenartiges, hochentwickeltes Tier, und die Zudringlichkeit nahm oft sonderbare Formen an. Einmal trug meine Mutter, der damaligen Mode entsprechend, einen großen, breitrandigen Hut, der mit künstlichen Kirschen verziert war. In einem von viel sonntäglichem Volk besuchten Park waren diese Kirschen im Handumdrehen die Beute der wissensdurstigen Japaner, die sich alle genau informieren wollten, ob sie wohl echt wären.

Einige leichtere Erdbeben, die in Japan fast zur Tagesordnung gehören, haben wir mitgemacht. Ich erinnere mich, daß eines Abends in einem europäischen Hotel in Tokio plötzlich alles erheblich zu schwanken begann. Eine befreundete Dame stürzte entsetzt mit dem ungläubigen Aufschrei »Das kann doch nicht ich gewesen sein?« aus einem stillen Ort. Sie wurde unter großem Gelächter darüber aufgeklärt, daß wohl kaum ein kausaler Zusammenhang bestehen konnte.

In jenen Jahren war Japan noch nicht der hochentwickelte und verbissene Industriestaat, als den man es heute bezeichnen kann, sondern hatte noch viel von jener Bühnenatmosphäre, wie sie uns in »Madame Butterfly« und in der »Geisha« begegnet. Daß Japaner auch ganz anders auftreten konnten, erfuhren wir bald bei der militärischen Besetzung Sibiriens, doch davon später.

Mein Vater, der nun einmal ein begeisterter Seemann war, hatte bald wieder Wasserfahrzeuge zur

Hand. Wie weiland mit Pferden von der sommerlichen Datsche in Strandhof zur Arbeit nach Reval, so fuhr er nunmehr die etwa 20 Kilometer von unserer Datsche in Okeanskaja zur Arbeit in die Stadt mit einem Motorboot, gesteuert von einem chinesischen Matrosen, der Monteur, Steuermann, Kapitän, Wächter und noch einges mehr in einer Person war und auf dem Boot mehr schlecht als recht wohnte. Zu diesem Zeitpunkt ging es meinem Vater geschäftlich ausgezeichnet, und da ihm eine gewisse Oberflächlichkeit des Urteils sein ganzes Leben lang eigen blieb, war er fest davon überzeugt, daß alles so weiter gehen würde. In dieser optimistischen Stimmung nannte er das Motorboot »Success«, was eine nackte Herausforderung des Schicksals war. Das Schicksal hat sich dann auch bald bitter gerächt.

Neben dem Motorboot wurde eine Segelyacht erworben, die den wohlklingenden Namen »Minnetonka« führte. Ihr früherer Besitzer hatte sich auf einem amerikanischen Passagierdampfer dieses Namens verlobt und in Erinnerung daran seine Yacht getauft. Der Name bedeutet auf indianisch etwa »Strömendes Wasser«, das Wort Minne heißt Wasser und kommt in Ortsbezeichnungen wie Minnesota, Minneapolis und Minnehaha vor. Die »Minnetonka« war ein ziemlich geräumiger Kahn. Für sechs Personen außer dem Matrosen, der im Vorschiff wohnte, gab es gute Schlafplätze. Die Kajüte hatte unter dem Skylight genügend Stehhöhe, eine kleine Küche und eine Toilette waren ebenfalls vorhanden, kurz, es war ein ziemlich komfortabler Kasten. Ihr volles Zeug betrug 125 qm, sie war nach damaliger Sitte als Kutter getakelt, mit Großsegel, Toppsegel, Fock, Klüver und Flieger, wenn nötig Ballon und Spinnacker, und sie bot unter vollen Segeln im Sonnenschein auf blauer See einen prächtigen Anblick. Nur schnell war sie nicht. Auf Regatten pflegte sie den dritten Platz zu belegen; da nur drei Yachten ihrer Klasse vorhanden waren und starteten, war das keine Glanzleistung. Dafür hatte ihr Erbauer, ein Norweger, den es in den Fernen Osten verschlagen hatte, ihr eine in seinem Heimatland zu Recht geschätzte Seetüchtigkeit mit auf den Lebensweg gegeben, wodurch nebenbei auch mein eigener Lebensweg ganz erheblich verlängert wurde. Und das kam so:

So lange mein Vater lebte und ich mit ihm segelte, differierten unsere Wünsche immer in einem Punkt: Ich wünschte möglichst weite Touren zu machen, die mich in unbekannte Gegenden führten, ich wollte viel Neues sehen und erleben, während mein Vater zwar so oft wie möglich auf dem Wasser lag, aber dabei bestrebt blieb, nachts wieder zu Hause zu sein. Ich liebte es sehr, an Bord zu schlafen. Es hatte seinen eigenen Reiz, wenn man während der Fahrt das Wasser an der Bordwand vorüberrauschen hörte oder beobachtete, wie alles, was in der Kajüte aufgehängt war, den Bewegungen des Schiffes folgend, von der Senkrechten pendelnd abwich, oder wenn man in ruhigem Wasser vor Anker das leise, anheimelnde Glucksen des Wassers an der Bordwand hörte. Mein Vater hingegen hielt von diesen Dingen nicht allzu viel, er segelte lieber dort, wo allerhand Verkehr auf dem Wasser war, und nicht draußen auf einsamer See, wie ihm überhaupt das Alleinsein zeitlebens sehr schwer fiel.

Einmal aber war es mir wieder gelungen, ihn zu

einer längeren Fahrt zu überreden, und zwar zum Hafen Posjet, unmittelbar an der koreanischen Grenze. Außer dem chinesischen Matrosen, meinem Vater und mir war noch ein Kanadier an Bord, der eine Bank für die kanadischen Okkupationstruppen leitete, und, wie die meisten englisch sprechenden Ausländer, bei uns verkehrte.

Wir liefen, entsprechend verproviantiert, gegen Nachmittag aus und waren mit Einbruch der Nacht auf offener See. Wetterdienste über Rundfunk gab es damals nicht, wir waren also nicht gewarnt, als das Barometer plötzlich zu fallen begann, als ob der Zeiger durch seine eigene Schwere absackte. Es war unheimlich. Wir wußten sofort, was uns erwartete: Taifun.

So rasch wie möglich wurde das Großsegel, soweit es ging, gerefft, nicht etwa durch Drehen des Baumes, sondern durch Festbinden mittels einer Menge kleiner Enden, das Toppsegel kam herunter, und von den drei Vorsegeln blieb nur eines stehen. Alles wurde so gut wie möglich festgezurrt. Wir waren kaum damit fertig, als der Sturm losbrach.

Kielboote können bekanntlich nicht kentern, doch droht ihnen bei schwerer See eine andere Gefahr. Zwar bewegt sich von der unheimlichen Wassermenge, die bei schwerem Seegang auf einen zurollt, in Wirklichkeit nur der Kamm, die Hauptmenge des Wassers schwingt nur auf und ab, sonst wäre jede Seefahrt unmöglich, wovon man sich durch das Beobachten einer Brandungswelle leicht überzeugen kann. Hier gerät tatsächlich die gesamte Wassermenge in vorwärtsstürmende Bewegung und schlägt mit der ganzen Gewalt ihres Gewichts ans Ufer. Bricht aber draußen auf See auch nur der Kamm einer hohen Welle so unglücklich, daß dieser Teil der Wassermasse auf das Deck fällt, so genügt diese Wucht, um alles kurz und klein zu schlagen, und wenn eine Yacht erst anfängt, Wasser zu machen, dann hält sie sich nicht mehr lange. Da diese Gefahr am größten ist, wenn die Wellen von achtern kommen, »reitet« man einen solchen Sturm »hart am Winde ab«. Das taten wir auch geduldig eine lange Nacht hindurch, alle Viertelstunden das Barometer ablesend, um wenigstens raten zu können, wo sich ungefähr das Zentrum, das sogenannte »Auge« des Taifuns befand. Es ging glücklicherweise an uns vorüber, sonst hätten wir kaum überlebt. Das Beiboot war ganz im Anfang ein Opfer des Sturmes geworden, das regte uns aber nicht auf, denn hier ging es um mehr. In der Kajüte gab es längst keinen trockenen Faden mehr, die Matratzen glichen vollgesogenen Schwämmen, wir selber waren trotz des Ölzeugs naß bis auf die Haut, das Cockpit verwandelte sich alle paar Minuten in eine Badewanne. Eine Position auszumachen, also zu bestimmen, wo wir uns befanden, war unmöglich, denn bei der geringen Höhe, in der das Deck einer Yacht über Wasser liegt, raubt einem bei schwerem Sturm eine Schicht von versprühtem Wasser jede Sicht, so daß man kein Leuchtfeuer ausmachen kann.

Eine akute, länger andauernde Lebensgefahr ist ein eigenartiges Erlebnis. Seine extremsten Formen hat es wohl im Grabenkrieg des Ersten Weltkrieges angenommen. Wer damals vorne lag, mußte wochenlang täglich und stündlich mit dem plötzlichen Ende rechnen. Im Zweiten Weltkrieg, der im großen Ganzen bis zum Ende ein Bewegungskrieg blieb, nahm die akute

Lebensgefahr an der Front andere Formen an. Dafür erlebten Millionen Zivilisten in Kellern und Bunkern die Luftangriffe auf unsere Städte. Die Zahl der heute lebenden Deutschen, die sich für Stunden, Tage oder Wochen in akuter, nicht durch Krankheit verursachter Lebensgefahr befunden haben, geht sicherlich hoch in die Millionen. Durch dieses Erlebnis unterschieden sie sich nicht nur von der Generation vor 1914, sondern auch von der nach 1945. Merkwürdigerweise wird dieser Tatsache bei allen Betrachtungen unseres heutigen Generationsproblems keinerlei Beachtung geschenkt. Dabei ließe sich sicherlich vieles im Verhalten derjenigen, die jünger als dreißig Jahre sind, aus dem Fehlen dieses Erlebnisses erklären. Meine eigenen, nicht besonders zahlreichen Erfahrungen auf diesem Gebiet, Beobachtungen an und Gespräche mit routinierteren Personen haben mich zu der Überzeugung geführt, daß man sich, entgegen einer landläufigen Meinung, nicht an eine dauernde Bedrohung gewöhnt, sondern im Gegenteil im Laufe der Zeit immer empfindlicher gegen sie wird. Zwar lernt man durch das, was im Volksmund »Haltung« genannt wird, nach außen diese Empfindlichkeit zu überspielen, aber eben nur nach außen. Die Erfahrung, daß ein Sichgehenlassen, ein Nachgeben, die Gefahr nur vergrößert, zwingt einen notwendigerweise zu dieser Haltung, die sich naturgemäß auf das spätere Leben auswirkt. Das Fehlen dieser Erfahrung führt dann zu jener Hemmungslosigkeit, die Gegenstand so weit verbreiteter Kritik an der heutigen Jugend ist.

Doch zurück zu jener Sturmnacht vor vielen Jahren! Stunden um Stunden, naß und durchfroren, bemühten wir uns, die Yacht am Wind zu halten und zu verhindern, daß sie, plötzlich aus einem Wellental auftauchend, die volle Windstärke raumschots in das Segel bekam, wobei es unweigerlich aus den Lieken geflogen und jede Steuermöglichkeit zu Ende gewesen wäre. Gegen Morgen ließ der Sturm nach, das Barometer kroch behutsam hoch. Nach einer geschätzten Positionsbestimmung konnte wieder Kurs gesegelt werden. Am Nachmittag erreichten wir einen Hafen. Wir gingen vor Anker, liehen uns von den Fischern ein Boot, mit dem wir alles, was zu trocknen und zu säubern war, an Land fuhren. Zwei Tage blieben wir dort, leckten unsere Wunden, schafften dann wieder alles an Bord, machten seeklar, und ich bekam den Auftrag, das geliehene Boot wieder an Land zu bringen und zurück an Bord zu schwimmen. Nun handelte es sich dort keineswegs um schönen Sandstrand wie auf Sylt oder Norderney. So war ich froh, einen langen Steg zu finden, der weit ins Wasser führte. Ich ging also bis ans Ende, sah, daß man mich von Bord aus beobachtete, fühlte Ehrgeiz und Geltungsbedürfnis die Brust schwellen. Ich stürzte mich mit kühnem Hechtsprung in die Fluten und saß mit dem Kopf fest im Modder; mit den Beinen strampelte ich in der Luft. Der Steg war zwar lang, aber nicht lang genug, um tiefes Wasser zu erreichen. Nachdem ich mich japsend und schnaufend befreit hatte und an Bord geschwommen war, wurde ich dort mit höhnischem Gelächter statt mit der erhofften Bewunderung empfangen.

Wie man weiß, können nur Menschen lachen, Tiere nicht. Über das Wesen des Lächerlichen und Komischen ist viel geschrieben worden. Die plausibelste

Theorie, übrigens auch von Bergson vertreten, sagt bekanntlich, daß Lächerlichkeit entsteht, wenn eine Handlung von dem ganz offensichtlich zu erwartenden Fortgang ganz unerwartet und plötzlich abweicht (das »plötzlich« ist wichtig, wie jeder Anekdotenerzähler und Conférencier weiß) und eine andere, nicht vorhergesehene Richtung einschlägt. Oft zitiertes Beispiel: Ein Mann geht ruhig und würdig die Straße entlang, der Beobachter antizipiert unbewußt den weiteren ruhigen Fortgang dieses Gehens. Der Mann tritt jedoch auf eine Bananenschale, und anstatt ruhig und würdig weiterzuschreiten, wie man vorausgesehen hatte, fuchtelt er plötzlich völlig unvorhergesehen mit Armen und Beinen in der Luft herum und setzt sich auf seinen Hintern. Die schlagartige Änderung des Fortganges wirkt unweigerlich auf die Lachmuskeln.

Ein Witz, soll er Wirkung haben, muß den Zuhörern unbekannt sein. Über einen Witz, den man schon kennt, kann man nicht lachen. Das geht aus obiger Theorie eindeutig hervor und wird durch die Praxis tausendfach bestätigt. Er muß aber darüber hinaus auch einen Alternativ-Fortgang enthalten, den der Zuhörer bewußt oder unbewußt mit vorausdenkt. Und die Pointe muß eine plötzliche, gänzlich unerwartete Abweichung von jeglicher Antizipation bringen. Der Versuchung, diese Regel an Hand eines Witzes nunmehr zu erläutern, will ich widerstehen, ich könnte leicht schon an der ersten Forderung scheitern.

Lassen Sie mich wieder zu dem zurückkehren, was ich eigentlich schildern wollte: meine Erlebnisse vor, während und nach der großen Zäsur unserer Epoche, dem Ersten Weltkrieg und der Oktober-Revolution.

Über die ungeheure Entfernung von gut 8000 Kilometern schlug der Krieg nur geringe, kaum spürbare Wellen. Das Warenangebot blieb unverändert friedensmäßig. Hatte man Geld, konnte man alles, was das Herz begehrte, kaufen oder nötigenfalls aus Japan oder sogar Amerika bestellen. Lebensmittel aller Art waren überreichlich vorhanden. Schiffe und Eisenbahnen verkehrten wie im Frieden. Mit meiner Mutter unternahm ich eine zweiwöchige Schiffsreise auf dem Amur-Fluß, der heute als Grenzfluß zwischen China und der Sowjetunion in unserer Presse häufiger genannt wird. Schon damals war der gesamte Fluß zwischen Blagoweschtschensk und der Mündung befeuert, so daß auch nachts gefahren werden konnte. Eine Maßnahme, die einigen technischen Aufwand voraussetzte. Einmal fuhr meine Mutter allein mit der Transsibirischen Bahn nach Reval, um einige dort zurückgebliebene Sachen zu holen, und auch diese Reise, mitten im Krieg, war etwas durchaus Normales und Gewöhnliches. Für uns, die wir den raschen Zusammenbruch des zivilen Lebens im letzten Krieg erlebt haben, erscheint das damalige sehr langsame und allmähliche Verschwinden des friedensmäßigen Lebensstiles seltsam und verwunderlich.

Das erste Zeichen, daß irgend etwas nicht stimmte: es gab keine silbernen Scheidemünzen mehr. Das Gold war gleich nach Kriegsausbruch verschwunden. Man half sich, indem Briefmarken, auf der Rückseite mit einem entsprechenden Aufdruck versehen, in Umlauf gesetzt wurden. Briefmarkensammlern werden diese

Marken bekannt sein. Diese durch die gesamte Menschheitsgeschichte zu beobachtende außerordentliche Empfindlichkeit der Münzen auf politische Veränderungen ist ein interessantes Phänomen. Zur Zeit werden in der ganzen Welt die Silbermünzen durch Cupronickelmünzen ersetzt. Numismatiker an die Front!

Während in Petrograd die Februar-Revolution 1917 in hohem Maße durch eine schwere Lebensmittelknappheit ausgelöst wurde und auf diese Weise nicht so überraschend kam, erfuhren wir, sozusagen in der Fülle lebend, eines Morgens durch die Zeitung, daß der Zar nicht nur weit, was er immer gewesen, sondern überhaupt nicht mehr da war.

In unserer Schule, wie auch anderenorts, nahm man die Zarenbilder von den Wänden. Man organisierte schöne Umzüge mit roten Fahnen und gewaltigen Reden, veranstaltete auf den Straßen sogenannte Meetings, in denen Amateurredner sich darin übten, auf oft drastische oder geistreiche Zwischenrufe geschickt zu antworten. An diesem Zeitvertreib beteiligten sich mit Vorliebe Soldaten und Matrosen, bei denen »des Dienstes ewig gleichgestellte Uhr« plötzlich stehengeblieben war.

Unser Schul-Blasorchester, bei dem ich, wie ich schon berichtet habe, die zweite Flöte spielte und das erst kurz zuvor mit viel patriotischem Trara und Tschingdarassasa einen leibhaftigen Großfürsten empfangen hatte, erhielt den Auftrag, rote Schleifchen an die Instrumente zu binden und sich dem Volke zur Verfügung zu stellen. Mit einem feierlichen, langsamen Trauermarsch wurde der Opfer der Revolution gedacht. Die hinter uns marschierenden Bürgerkolonnen sangen den Text dazu. Nahm man es ganz genau, so gedachte man hierbei der Opfer der ersten, der Revolution von 1905 und der vielen, die im Kampf gegen das Regime früher gefallen waren. Die wirkliche und aktuelle Revolution jedoch hatte weder bei uns noch sonstwo bis dahin irgendwelche nennenswerten Opfer gekostet. Ich habe es bereits gesagt: der Zarismus stürzte zusammen wie ein Kartenhaus.

Es soll in den Tropen vorkommen, daß Möbelstücke von Termiten so kunstgerecht angegriffen werden, daß nur noch die unversehrte Außenhaut stehenbleibt, während innen alles herausgefressen ist. Der erste Stoß läßt dann ein solch scheinbar unversehrtes Stück in sich zusammenfallen. Nicht viel anders spielte sich der Zusammenbruch des Zarenreichs ab.

Der Polizeimeister unserer Stadt, der gern in einem zweispännigen, offenen Wagen, auf seinen Säbel gestützt, in glitzernder Uniform, mit martialisch im Fahrtwind wehendem Bart und Schnurrbart, die einzige gepflasterte Straße der Stadt auf und ab gefahren war, beschränkte seine Maßnahmen darauf, diese provozierenden Fahrten einzustellen. Das war zunächst alles. Einmal, erinnere ich mich, hatten wir wieder mit rotbekränzten Instrumenten bei sibirischer Kälte den proletarischen Massen aufgespielt, als uns als brüderlicher Arbeiterdank ein kleines Fäßchen Wodka zur Aufwärmung spendiert wurde. Doch wie und woraus trinken? Wir fanden es bald: Jeder Musikant trank aus dem mit dem Finger verschlossenen Mundstück seines Instruments. Die Bässe bekamen am meisten, und das war nur gerecht, die Hörner schon weniger, die Trompeter nur noch ganz wenig und die Klarinetten mit ihren Bambusblättchen gar nichts. Die Flöten jedoch hielten das seitliche Blasloch mit dem Finger zu und waren gut daran. Bis auf weiteres wenigstens.

Neue Geldscheine zu 20 und 40 Rubel wurden unter der Regierung Kerenski gedruckt und erhielten daher den Namen »Kerenki«. Man hatte es eilig mit dem neuen Geld. Es wurde wie Briefmarken auf große Bogen, allerdings ohne Perforation gedruckt. Man schnitt sich mit der Schere so viele Scheine ab, wie man brauchte. Begreiflicherweise überschwemmten diese Banknoten rasch den Markt und verdrängten, was an übrigem Gelde noch vorhanden war. Niemand war mehr gewillt, zu wechseln, andererseits mußten doch noch häufig kleinere Beträge gezahlt werden. Also wurde das Kleingeld knapp. So fuhr ich denn häufig mit der Straßenbahn bis zur Endhaltestelle, wo die Schaffnerinnen in einem Warteraum Pause machten und versuchte, für solche Scheine gegen Geld und gute Worte Wechselgeld zu bekommen. Diese Verhandlungen zwischen dem fünfzehnjährigen uniformierten Schüler und den russisch-deftigen und auch russisch wortgewaltigen Schaffnerinnen müssen recht komisch gewesen sein. Die Straßenbahn nahm für die Fahrscheine nur kleines Geld und wechselte während der Fahrt grundsätzlich nicht. Und da sie ein Monopol hatte, sammelte sich, was noch an Kleingeld vorhanden war, bei ihr. Dieses Geld wechselten dann eben die Schaffnerinnen in ihrem Aufenthaltsraum gegen Aufgeld. Aus einem 20-Rubel-Schein wurden beim Wechseln vielleicht achtzehn einzelne Rubel. Angebot und Nachfrage schafften also rasch Niveaudifferenzen.

Eine Zeitlang kursierten auch gefälschte Banknoten, die in recht ordentlichem Druck ausgeführt waren; anstelle der Aufschrift: Banknote, Kaiserliche Staatsbank ... usw., trugen sie die Aufforderung: »Rettet Rußland, schlagt die Juden tot!« Und auf der Rückseite, wo sonst Zuchthausstrafen für Fälschungen angedroht waren, stand gedruckt: »Wodurch sind unsere eigentlich schlechter als eure?« Und das Groteske war, daß diese Scheine ungehindert von jedermann angenommen und wieder weitergegeben wurden, ganz im Sinne ihrer Aufschrift. War nicht Papier schließlich gleich Papier?

Für mich persönlich und meine geliebten einsamen Fahrradtouren brachte die Revolution neue, attraktive Ausflugsziele. Wladiwostok war Seefestung. Die Anlagen waren unter der Leitung eines deutschen Militärfachmannes gebaut und von Krupp bestückt worden. Wenn mein Gedächtnis mich nicht täuscht, war es der Bruder des Grafen Zeppelin gewesen. Bis zur Revolution waren daher große Teile der Küste, insbesondere Vorgebirge und vorgelagerte Inseln, Sperrgebiet. Nach der Revolution verließen jedoch die dort stationierten Truppen ihre Quartiere und verstreuten sich über die Gegend. Und da alle diese zahlreichen Forts, von denen aus man, wie es ihrer Bestimmung entsprach, einen herrlichen Ausblick über die See hatte, durch gute Straßen miteinander verbunden waren, waren sie für mich doppelt anziehend. Die riesigen Geschütze standen friedlich auf ihren Lafetten oder in ihren Kasematten, es war nicht viel an ihnen, was für die sich verkrümelnden Muschkoten von Wert gewesen wäre. So waren sie, obwohl verlassen, sozusagen noch gebrauchsfähig. Ich drehte gern an ihnen herum, dazu brauchte man nicht viel Kraft, noch ließen sie sich leicht bewegen. Dann kletterte ich auf die Betonkasematten, legte mich in die warme Sonne, blinzelte auf das tintenblaue Meer hinaus, schaute den glasgrünen Wellen zu, wie sie unter mir an den Felsen emporleckten, atmete den herben Duft des durchsonnten, wilden Wermuts, kletterte auch gelegentlich hinunter, um zu schwimmen, wobei viel eigenartiges Getier im klaren Wasser zu beobachten war, genoß das alles, besonders aber die Stille und Einsamkeit.

Auch die zweite, die entscheidende, die Oktober-Revolution, kam zu uns über Nacht und auf schleichenden Sohlen. Nachdem in Petrograd die Würfel gefallen waren, übernahmen auch hier die Arbeiter- und Soldatenräte die Macht, den Offizieren nahm man die Epauletten und entzog ihnen, sanft oder unsanft, die Kommandogewalt, je nach der Person des Delinquenten. Soldaten und Matrosen, die nun schon mehr das Aussehen einer Soldateska hatten, liefen mit roten Armbinden herum und genossen das Fehlen jeglicher Autorität.

Um diese Zeit wurde auch mein Vater unter der Beschuldigung der Bestechung verhaftet. Die Anklage war an sich berechtigt, nur hätte man damals Schwierigkeiten gehabt, im großen Zarenreich jemand zu finden, der nicht der aktiven oder passiven Bestechung schuldig war. Der Beruf meines Vaters bestand darin, die auf zahlreichen Schiffen eintreffenden Waren, die für den Krieg und das Leben des Reiches dringend notwendig waren, zu empfangen, zu verzollen, zu lagern und möglichst schnell mit der Transsibirischen Bahn nach dem Westen zu befördern. Da Wladiwostok der einzige freie Hafen war, über den alles Notwendige importiert werden mußte, krachte die Bahn in allen Nähten bei dem Bemühen, den anschwellenden Warenstrom zu bewältigen. Es dauerte daher auch nicht lange, bis es so kam, daß nur derjenige die knappen Eisenbahnwaggons zugewiesen bekam, der bei der Verwaltung die besten Freunde hatte. Sollte sich wirklich jemand von Bestechung freigehalten haben, so hätte man ihm eigentlich den Prozeß wegen Sabotage der Kriegsanstrengungen machen müssen.

Die zaristischen Banknoten trugen Bilder verschiedener Zaren, so die 50-Rubel-Scheine ein solches von Katharina II., die 100-Rubel-Scheine das von Peter dem Großen. Reichte man in irgendeiner Sache ein Gesuch ein, so legte man einen 50-Rubel-Schein zwischen die Seiten. Es konnte einem aber dann passieren, daß der Beamte, das Aktenstück sorgfältig durchblätternd, ernst aufblickte und sagte: »Wie ich sehe, sind Sie ein Verehrer der Zarin Katharina, und Sie tun gut daran. Ich selber glaube aber, daß Peter der Große doch mehr für Rußland getan hat.«

Das Problem der Bestechung ist so alt wie das Beamtenwesen; ich möchte sagen, sie stehen beide in einem dialektischen Verhältnis. Die Behörden des sozialistischen Lagers mögen mir diese unorthodoxe Anwendung des dialektischen Materialismus verzeihen. Sicher hat schon Ramses der Große seine Last damit gehabt. Meine persönliche Meinung, die allerdings meistens auf energischen Widerspruch stößt, ist, daß man nicht nur zwischen aktiver und passiver, sondern auch zwischen erlaubter und unerlaubter Bestechung unterscheiden sollte. Unerlaubt wäre, einen Beamten zu bestechen, damit er etwas tut, wozu er nicht berechtigt und was verboten ist. Erlaubt wäre, ihn zu einer Handlung zu ermuntern, zu der er an sich verpflichtet ist, um auf diese Weise seine Arbeitsfreude zu heben und sein Arbeitstempo zu beschleunigen. Diese von mir »erlaubt« genannte Bestechung rückt selbstverständlich in große Nähe zu den sogenannten Trinkgeldern, die in Rußland merkwürdigerweise Teegelder heißen. Ich glaube allerdings nicht, daß Trink- oder Teegelder immer oder auch nur meistens in Bier oder Tee umgesetzt werden. Ich selber habe mich mein Leben lang bemüht, im Rahmen meiner bescheidenen Möglichkeiten gute Trinkgelder zu geben, dem Ausspruch eines verstorbenen Freundes folgend: »Trinkgelder sind die beste Kapitalanlage.« Ich könnte eine Fülle von Beweisen für diesen Satz anführen, möchte aber lieber erwähnen, daß ich auch Kritik gefunden habe, und zwar von berufener Seite:

Im berüchtigten Lager Remagen lag ich unter freiem Himmel, unter Regen, Sonne und Schnee, in Dreck und Matsch, zusammen mit einem älteren Mann, der von Beruf Hauptkellner im Waldorf-Astoria in New York war. Obwohl Jahrzehnte in Amerika tätig, war er deutscher, genauer bayrischer Staatsangehöriger geblieben und auf einer Reise in die Heimat vom Kriege überrascht, in den letzten Kriegsmonaten wie ich selber eingezogen worden und neben mir auf der Wiese in Remagen gelandet. Dieser Mann nun hatte die meisten gekrönten Häupter der Welt bedient, Multimillionäre,

Politiker, Künstler und Hochstapler. Und zu obigem Thema befragt, sagte er, mich aus einem unrasierten und ungewaschenen Gesicht ernst anblickend: »Mach' es dir zur Regel, nie zu große Trinkgelder zu geben; man nimmt sie dir zwar gern ab, aber obendrein verachtet man dich als Parvenü. Der wirklich vornehme Mann gibt genau den richtigen Betrag und rundet eher nach unten ab.« Darauf pflegte ich zu antworten, und würde es heute wieder tun: »Das stimmt, aber der wirklich vornehme Mann macht dafür große Zechen, bei denen die üblichen 10 Prozent eben sehr hohe Beträge sind, und das kann ich mir nicht leisten. Um mir also eine entsprechende Behandlung, auf die ich allerdings Wert lege, zu sichern, muß ich mit den Prozenten in die Höhe gehen. Dabei komme ich in der Summe immer noch billiger weg, und auf die Verachtung pfeife ich.« Immerhin, als gereifter Mann und nach sorgfältiger Seelenprüfung glaube ich heute, daß ich unter den obwaltenden Umständen den Ausdruck »pfeife ich« nicht gebraucht habe.

Mein Vater wurde also wegen Bestechung verhaftet, und das spielte sich so ab: Wir, d. h. Vater, Mutter und wir beiden Kinder saßen beim Mittagessen, der chinesische Boy trug auf, was der chinesische Koch, geheimnisvoll, aber wohlschmeckend zubereitet hatte, als plötzlich Sturm geläutet wurde. Herein kamen zwei Rotarmisten, in Lammpelze, das Fell nach innen, das rohe Leder nach außen, gekleidet, die Pelzmütze auf dem Kopf, die rote Binde am und die Flinte mit Bajonett im Arm. »German Karlowitsch, Sie sind verhaftet. Wir haben Auftrag, Sie ins Gefängnis zu bringen.« Darauf sagte meine Mutter, der die russische

Psyche vertrauter war: »Ihr seht doch, wir sind beim Essen, so eilig wird es wohl kaum sein, daß wir nicht noch fertig essen könnten.« Das wurde gnädig gestattet, und eine Weile standen die grimmigen Männer hinter dem Stuhl meines Vaters und schauten uns beim Essen zu. Nach einiger Zeit sagte meine Mutter: »Habt ihr selber denn schon gegessen, wenn nicht, setzt euch doch zu uns!« Nach einer kurzen, internen Beratung lehnten dann die beiden Vertreter der noch jugendfrischen Arbeiter- und Soldatenmacht ihre Flinten an die Wand, entledigten sich der Pelze und Mützen, setzten sich zu uns an den Tisch und aßen wohlgesittet mit uns zu Mittag. Als wir fertig waren, standen sie auf, bedankten sich artig bei meiner Mutter, bekleideten und bewaffneten sich wieder und sagten: »So, German Karlowitsch, und jetzt kommen Sie bitte mit, wir müssen gehen.« Im Gefängnis blieb mein Vater etwa zehn Tage und wurde dann ohne weitere Folgen entlassen.

Natürlich ließ es sich auf die Dauer nicht verhindern, daß unter den damals herrschenden Verhältnissen die persönliche Sicherheit abnahm und die Übergriffe zunahmen. Die Polizei, die mit dem alten Regime in verhängnisvoller Weise verstrickt war, wurde sofort aufgelöst und durch eine Miliz ersetzt. Diese allergische Furcht vor dem Namen Polizei hat sich in der Sowjetunion bis heute erhalten, wo bekanntlich die Polizisten »Milizionäre« genannt werden. Grundsätzlich kann man sagen, daß einer der wesentlichen Unterschiede zwischen der russischen Oktober-Revolution und dem deutschen November 1918 darin bestand, daß die Russen sofort alle wichtigen Posten durch neue Leute besetzten, dabei eine unvermeidliche, vorübergehende Inkompetenz und Unfähigkeit in Kauf nahmen, während man bekanntlich in Deutschland die Erfahrungen von Militär, Justiz und Verwaltung nach der Revolution nicht glaubte entbehren zu können. Das Resultat ist bekannt. Die Russen hingegen hielten sich an ihr eigenes Sprichwort: »Füttere den Wolf so gut wie du willst, er wird immer nach dem Wald schielen.«

In unserem Hause und im Büro meines Vaters wurde zwar während der ganzen Zeit weder geraubt noch geplündert, an anderen Stellen geschah aber doch allerhand Unerfreuliches. So wurde eines Nachts ein Juwelierladen überfallen, ausgeraubt, und die beiden japanischen Besitzer wurden ermordet. Am anderen Morgen hieß es, sie hätten mit ihrem eigenen Blut an die Wand geschrieben, auf japanisch natürlich, daß Bolschewiken die Täter wären. Tags darauf, am 5. April 1918, dampfte ein japanisches Schlachtschiff in den Hafen, bewaffnete Matrosen besetzten die Stadt. Damit begann die Intervention.

Heute wissen wir, daß jene Ereignisse einige Fragen offenließen: Wie kam es, daß ein japanisches Schlachtschiff so nahe bei der Hand war und so schnell den Befehl zum Eingreifen erhielt? Hatten japanische Kriegsschiffe immer so viele Landungsmannschaften an Bord? Wieso befand sich gerade damals das den Russen 1905 abgenommene Panzerschiff »Retwisan«, umgetauft in »Hizen«, so nahe bei den russischen Gewässern? Woher wußten die ermordeten Japaner, daß es

Bolschewisten waren, die sie überfallen hatten, und wieso sollten gerade diese ein Interesse daran haben, sie zu ermorden, da sie den Laden doch leicht hätten am Tage expropriieren können? Die Angelegenheit gehört ganz offensichtlich zu den Zwischenfällen, die, nie ganz aufgeklärt, dem denkenden Zeitgenossen nur die Frage offenlassen: Cui bono? Die Geschichte ist voll von ihnen, exemplo gratia erinnere ich nur an den Reichstagsbrand und den Kennedy-Mord. Wie dem auch sei, und wie es sich mir heute darstellt, damals ging eine Welle unbändiger Freude und Erleichterung durch alle diejenigen Schichten der Bevölkerung, die bei einer Nivellierung etwas zu verlieren hatten.

Den Marineinfanteristen folgten sehr bald reguläre Truppen, die sich wie Wasser in einem Löschbogen über das Land verteilten. Eine Zeitlang hatten wir die Ehre, den japanischen Oberstkommandierenden persönlich in unserer Wohnung zu beherbergen. Die Hoffnung allerdings, auf diese Weise über die Entwicklung besser informiert zu werden, erwies sich als trügerisch. Auf alle Fragen antwortete der General höflich auf japanische Art, die Luft unter heftigem Zischen einziehend: »Wir witzen nix.« Diese intensive Berührung mit dem japanischen Militär- und Marineapparat hat mich die späteren Kämpfe der Japaner in China und insbesondere den pazifischen Krieg viel besser verstehen lassen.

Entgegen einer weitverbreiteten Meinung sind die Japaner außerordentlich emotional, sie sind die reinsten Nervenbündel, ganz im Gegensatz zu den Chinesen. Liebesselbstmorde waren in Japan ein so geschätzter Zeitvertreib, daß bevorzugte Tatorte, wie zum Beispiel tätige Vulkane, besonders bewacht werden mußten. Die, wenigstens früher, sehr trinkfreudigen Chinesen sieht man fast nie betrunken. Betrunkene Japaner sind dagegen ein häufiger Anblick. Ich kenne den heutigen Fernen Osten nicht und sollte deshalb mit meinem Urteil vorsichtig sein. Trotzdem bin ich bezüglich der weiteren Entwicklung in Japan sehr skeptisch. Wie ich es beurteile, wird ihnen ihre Nervosität, gepaart mit einer beachtlichen Naivität, noch zu schaffen machen.

Den Japanern folgten bald die Truppen und Schiffe aus aller Herren Länder. Die Intervention war in vollem Gange. Die Engländer waren, außer mit etwas Infanterie, durch ihren Kreuzer H.M.S. »Kent« vertreten. Dieses Schiff diente uns in der folgenden Zeit als untrügliches Barometer. War wieder einmal einer der zahlreichen Putsche seitens der russischen Marionettenregierungen fällig, so lief die »Kent« einen Tag vorher zu Übungen aus und kam ein paar Tage später wieder zurück. Lichtete sie also die Anker, was wir von unseren Fenstern aus gut beobachten konnten, so war klar, was bevorstand. Und man bereitete sich darauf vor, daß nachts geschossen werden würde. Da unsere damalige Wohnung unweit des Bahnhofes lag, war es angeraten, sich bei den ersten Schüssen unter die Fenster zu legen, um vor verstreuten Kugeln sicher zu sein.

Die Amerikaner waren durch Truppen und den Kreuzer »Albany« vertreten. Auf diesem Schiff pflegte meine Schwester, damals etwa 19 Jahre alt, bei Empfängen zu tanzen, und unter den bei uns verkehrenden Offizieren hatte einer, wie es wenigstens schien, ernstere Absichten. Der damalige Lebenszuschnitt unserer

Familie war auch durchaus dazu angetan, solche zu fördern. Als wir allerdings später, sozusagen als Emigranten, in New York waren, hatten sich die Vorstellungen des Bewerbers erheblich geändert.

Die amerikanischen Soldaten erfreuten uns mit ihren merkwürdigen, breitrandigen Hüten, die sie um jene Zeit trugen, und durch das Fehlen jeglichen militärischen Schliffs. Auch den muskelverzerrenden Genuß des Kaugummis konnten wir damals zum ersten Male beobachten. Zog eine nach allen Richtungen schwankende, kauende, schwatzende Kompanie Amerikaner durch die Straßen, so hätten die selbst ziemlich demoralisierten Russen gerne den Ausdruck »Sauhaufen« gebraucht, wäre er ihnen bekannt gewesen.

Die Franzosen hatten die Fregatte »Kersaint« im Hafen, außerdem eine Gruppe von Verbindungsoffizieren. Die »Kersaint« war ein originelles Schiff, denn sie hatte außer ihrer Maschine noch eine vollständige Segeltakelung, vermutlich zu Schulzwecken. Die Matrosen sahen mit ihren Pomponmützen lustig aus und waren bei der Bevölkerung recht beliebt. Die Offiziere litten unter der Tatsache, daß sie neben den Angelsachsen etwas ungepflegt wirkten und vor allen Dingen nicht von einer solchen Aura von guten Dingen umgeben waren, wie Camel-Zigaretten, Corned beef, Haig's Whisky, Cadbury's Schokolade und Lux Toilet Soap. Diesen betrüblichen Inferioritätskomplex sind sie leider auch nach dem Zweiten Weltkrieg nicht losgeworden.

Zahlenmäßig die größte Gruppe bildete jedoch die sogenannte Tschechische Legion unter ihrem Führer Gaida, der mit seiner sibirischen Frau (vermutlich hatte er noch eine zu Hause in Böhmen gelassen) häufiger Gast in unserem Hause und auf der Yacht war.

Bekanntlich fangen alle Schüler, die Griechisch lernen, ihre Lektüre mit Xenophons »Anabasis« an. Diese zehntausend tapferen Streiter schlugen sich, wie jeder angehende Humanist weiß, nach etwas zwielichtigen Kriegstaten durch Kleinasien in Richtung Schwarzes Meer durch, wo sie in den klassischen Ruf »Thalatta, Thalatta!« ausbrachen. Ihre Erlebnisse auf diesem Zug sind nach mehr als zweitausend Jahren immer noch der Alpdruck so manchen Penälers. Leider hat die Tschechische Legion keinen Xenophon gefunden, denn ihre Erlebnisse lassen die »Anabasis« wie einen Sonntagsnachmittagsspaziergang erscheinen.

Als nämlich die Kriegstaten der ehrwürdigen K.u.K.-Monarchie, wie schon früher so häufig, in keinem Verhältnis zu den patriotischen Erwartungen standen, beschlossen die Vorfahren oder Zeitgenossen des braven Schweijk, das Verfahren sinnvoll abzukürzen, und liefen divisionsweise zum Feinde, dem slawischen Brudervolk der Russen und Ukrainer, über, insgesamt etwa hunderttausend Mann. Der abwegigen Vorstellung der Russen, sie würden nun ihre Waffen auf den gemeinsamen germanischen Erbfeind richten, entsprachen sie jedoch ganz und gar nicht. Ihre Lage wäre auch bei einer eventuellen Gefangennahme recht prekär gewesen. So transportierten die Russen sie ins Hinterland, an die mittlere Wolga, internierten sie dort und versuchten, ihnen die Waffen abzunehmen, wofür die Tschechen aber keinerlei Verständnis zeigten, obwohl sie sich andererseits doch weigerten, davon Gebrauch zu machen, zunächst wenigstens.

Als aber im Zuge der Revolution in Rußland alles drunter und drüber ging und die Niederlage der Mittelmächte, die ihnen den Rückmarsch möglich gemacht hätte, leider noch auf sich warten ließ, beschlossen sie, statt auf dem kürzesten Wege nach Westen über den Umweg in Richtung Osten nach Hause zu gehen. Vergleichsweise würde das der Absicht entsprechen, von Köln nach Berlin über London, New York, San Francisco, Tokio und Moskau zu reisen. Was sind da schon Xenophons berühmte zwölf Parasangen?

Sie bemächtigten sich also der Sibirischen Bahn, wobei ihnen die zurückbehaltenen Waffen sehr gelegen kamen, und brachen gegen Osten auf. Unterwegs verteilten sie sich, wie ein riesiger Bandwurm, über Tausende von Kilometern entlang der Bahnlinie und erreichten deren äußerstes östliches Ende, die schöne Stadt Wladiwostok, mit ihren vordersten Abteilungen etwa zu Beginn der Intervention. Hier allerdings war die Welt zunächst, wenn nicht mit Brettern vernagelt, so doch von Wasser umgeben, das nur mit Schiffen zu bezwingen war, welche die Russen nicht hatten und die man ihnen deshalb auch nicht wegnehmen konnte. Die Hoffnung nun, die Alliierten, welche diese wichtigen Beförderungsmittel besaßen, würden sie ihnen zur Verfügung stellen, trog, denn besagte Verbündete hatten inzwischen andere Pläne.

Bekanntlich war eine der ersten Handlungen der frischgebackenen und noch etwas schwankenden russischen Räteregierung, den Krieg allen Verträgen zum Trotz einseitig einzustellen. Dieser Entschluß entsprach nicht nur den ideologischen Vorstellungen der neuen Herren, er entsprach durchaus der Situation, denn es wäre ohnehin nicht möglich gewesen, den Krieg fortzusetzen. Die Soldaten hatten sich nämlich ohne weitere Diskussionen aufgemacht und waren nach Hause gegangen. Ihre Waffen hatten sie für alle Fälle mitgenommen. Ihnen war schon vorher zweifelhaft gewesen, ob das Sterben für Zar und Vaterland sinnvoll sei, nun, nachdem der Zar verschwunden war, sahen sie nicht ein, warum sie noch weiter ihre Haut zu Markte tragen sollten, zumal derweil zu Hause das früher den Gutsbesitzern gehörende Land an die Bauern verteilt wurde. Dort dabeizusein, mit einer Flinte auf dem Rücken als gewichtigem Argument, schien ihnen viel sinnvoller, als nach Berlin zu marschieren, das sich ohnehin im Laufe der Kriegsjahre in beschämender Weise immer weiter entfernt hatte.

Diese Entwicklung konnte den Westalliierten unter keinen Umständen in den Kram passen. Zunächst einmal war es immer gute alte angelsächsische Tradition gewesen, Kriege nach Möglichkeit mit fremden Soldaten zu führen. Dieses vom Einsatz gekaufter hessischer Truppen im amerikanischen Befreiungskrieg bis zur Verzögerung einer zweiten Front im letzten Weltkrieg geübte Prinzip erschien lange Zeit durchaus erfolgreich und weise, hat aber schließlich doch zum heutigen Kräfteverhältnis in der Welt geführt, das, milde ausgedrückt, wohl kaum das angestrebte Ziel der angelsächsischen Mächte gewesen sein kann.

Einesteils also war man in London, Paris und Washington ungehalten darüber, daß sich die Russen weigerten, weiterhin die größten Blutopfer des Krieges zu tragen, andererseits war ein revolutionäres, sozialistisches Land keine Garantie für die Erhaltung der vorwiegend in westlichem Besitz befindlichen russischen Industrie und für die Zurückzahlung der sehr hohen Anleihen. Und war es darüber hinaus überhaupt sinnvoll, ein kommunistisches Regime sich ungestört etablieren zu lassen, angesichts der weltweiten Kolonialinteressen, insbesondere in Indien und China? »Vernunft wie auch Empfindung«, um mit Wilhelm Busch zu sprechen, forderten von den Alliierten gebieterisch, mit den Herren Lenin und Trotzki Schluß zu machen. Da sie aber weder in der Lage waren, noch traditionsgemäß die Absicht hatten, den notwendigen Kampf selber zu übernehmen, man andererseits den durchaus kriegswilligen, kriegsfreudigen Japanern mit gutem Recht nicht zutraute, daß sie sich für fremde Interessen selbstlos schlagen würden, bot sich die Tschechische Legion wie von selbst an.

Mit der erhofften Heimkehr der braven Schweijks war es also zunächst nichts. Der sich vom Ural bis Wladiwostok erstreckende Bandwurm blieb stecken, ohne daß allerdings seine einzelnen Glieder bewegungslos wurden. Ganz im Gegenteil, sie waren durchaus munter und tätig und machten ihrer parasitären Lebensart alle Ehre. Zu dieser Zeit, als, um im Bilde zu bleiben, der Kopf des Bandwurmes aus dem Loch im Fernen Osten vergeblich übers freie Meer blickte, war es auch, als besagter »Gaida-Xenophon« sich die Zeit auf unserer Yacht verkürzte. Er war damals eine Person von allerhöchster Autorität, allein schon deshalb, weil ihr keine andere von Gewicht gegenüberstand. Und ich erinnere mich, wie zu unserem Entsetzen unser chinesischer Matrose eines Tages beim Segeln in einer etwas kitzligen Situation ihm plötzlich ein Tau in die Hand drückte mit der unmißverständlichen Aufforderung: »Halt fest, zieh, zieh fester, du Trottel!!« Es geschah jedoch nichts. Wie wir wissen, sind Tschechen sehr hart im Nehmen.

Mittlerweile hatten sich an verschiedenen Stellen Rußlands unter Führung hoher zaristischer Militärs, mit wortreicher Unterstützung seitens der Alliierten, reaktionäre, sogenannte weißrussische Gruppen gebildet, um dem Spuk der in Moskau residierenden »Gruppe von Verrückten« ein schnelles Ende zu bereiten. In Sibirien war es der Admiral Koltschak, den man in Charbin, einer den Roten unzugänglichen Stadt in der Mandschurei, aufgegabelt und überredet hatte, eine weißrussische, sibirische Regierung zu bilden und mit Hilfe der Tschechen gegen Moskau zu marschieren. Von den zahlreichen weißrussischen Führern war Koltschak wahrscheinlich der integerste. Er war bestimmt kein Sozialist, aber er war ein ehrlicher Patriot, der seine Aufgabe ernst nahm und an seine Mission glaubte. Wie die Dinge allerdings lagen, überspielten ihn die korrupten und gewalttätigen Reaktionäre nach kurzer Zeit und verrieten ihn, als schließlich alles zusammenbrach, in schamloser Weise an die Roten. Und während die Herren Wrangel, Denikin et alii ihr Leben recht komfortabel in der Emigration beendeten, war er der einzige der führenden Konterrevolutionäre, der vor einem Exekutionskommando starb.

Die allgemeine Meinung zu den Vorgängen sowohl im Kreise der Familie als auch ganz allgemein in der gesamten Bourgeoisie (Adel gab es in jenen fernen östlichen Provinzen nur ganz selten) war, daß man dem roten Regime allerhöchstens nur einige Monate der Lebensdauer gab, und das mit einer verblüffenden Sicherheit. Man war nämlich der Auffassung, daß es sich nur durch Terror einer winzigen Minorität von verbohrten Utopisten und kriminellen Elementen aufrechterhielt, und daß es bei entsprechendem Druck von außen an seiner eigenen Uneinigkeit und Unfähigkeit zugrunde gehen würde. Man war also, um es anders auszudrücken, der Auffassung, daß es sich um eine kleine Minderheit handelte, die durch Terror regieren konnte.

Es gibt im Leben der Völker Fälle, in denen eine Minorität in der Lage ist, einer Majorität ihren Willen durch Terror aufzuzwingen. Die Voraussetzung dafür ist jedoch stets, daß diese Minderheit über Waffen verfügt, die sie andererseits der Mehrheit mit Erfolg vorenthalten kann. Das weiße Regime in Südafrika und in Rhodesien mag dafür als Beispiel dienen. Dort sorgt man peinlichst dafür, daß die überwältigende schwarze Mehrheit nicht in den Besitz von Waffen kommt. Die bildungsmäßige und soziale Diskriminierung trägt sicherlich zu dem Ergebnis bei, doch wäre sie alleine nie in der Lage, die Zahlendifferenz aufzuwiegen; auch ungebildete Leute lernen recht schnell mit Flinten oder Maschinengewehren umzugehen. Illusorisch jedoch ist der Glaube an eine terroristische Minorität, wenn breite Schichten der Bevölkerung Zugang zu den Waffen haben.

Das im letzten Kriege von der NS-Propaganda oft gebrauchte Bild vom fanatischen Kommissar, der mit der Pistole in der Hand ganze Regimenter gegen ihren Willen in den Kampf treibt, erscheint bei auch nur kurzem Nachdenken absurd. Mit einer Pistole kann man nicht Hunderten oder Tausenden von bewaffneten und waffenkundigen Männern seinen Willen aufzwingen. Obwohl eindeutig unhaltbar, wurde und wird dies aber immer wieder geglaubt.

Aber auch andere Beispiele von angeblichem Terror einer Minderheit halten einer Prüfung nicht stand. Der Begriff des Terrors, wenn nicht die Methode, entstand während der Französischen Revolution, als die Guillotine ihren makabren technischen Fortschritt dokumentierte. Es handelte sich aber damals ganz offensichtlich um einen Terror der Mehrheit gegen die Minderheit, und dieser Terror ist der weitaus häufigere und auch logischere: Eine Mehrheit will verhindern, daß eine Minderheit zur Mehrheit wird. Sie bedient sich zu diesem Zwecke teils der Abschreckung, teils der physischen Vernichtung der Minorität. Gelingt das nicht, so entsteht leicht eine Umkehrung des Terrors, wie etwa der »weiße Terror« in Frankreich nach dem Sturz Robbespierres, der, nebenbei gesagt, viel schlimmer war als der vorangegangene, der aber aus naheliegenden Gründen in unseren Schulbüchern keinen Niederschlag gefunden hat. Auch der für uns Deutsche aktuelle NS-Terror war, entgegen allen politischen Korrekturversuchen, ein Terror einer Majorität gegen eine Minorität. Juden und Kommunisten haben bei uns nie die Mehrheit besessen.

So betrachtet, bedeutet also andauernder erfolgreicher Terror, daß er Instrument einer Mehrheit ist, die diese auf alle Fälle und mit allen Mitteln erhalten will. Das parlamentarische System hingegen beruht auf dem erklärten Willen, eine Minderheit ohne physischen Gegendruck, also ohne Terror, zur Mehrheit werden zu lassen. Nicht nur einmal, sondern immer wieder. Es war also ein verhängnisvoller Irrtum, daß man damals nicht sah, daß die bolschewistische Revolution und ihre Regierung den Willen der Mehrheit demonstrierten und daß dieser Terror der einer Mehrheit gegenüber einer Minderheit war. Dieser Irrtum hat unendlich viel Blut und Leid gekostet. Als nach Jahren erbitterten Blutvergießens die letzten Schüsse des Bürgerkrieges fielen, war das jedermann klargeworden, aber da war es zu spät.

Auf die jahrhundertealte Frage »Wie erkenne ich rechtzeitig die Mehrheitsverhältnisse?« gibt es die jahrhundertealte Antwort: »Durch freie Wahlen.« Ich habe nicht die Absicht, zu den Bibliotheken, die diesem Thema gewidmet sind, Kommentare zu schreiben, auf eine recht moderne Seite des Problems möchte ich jedoch kurz eingehen: auf die Verläßlichkeit demoskopischer Ergebnisse.

Physik besteht darin, daß man irgendwelche Größen mißt und aus diesen Größen Prognosen errechnet. Voraussetzung dafür ist, daß die Messung den zu messenden Gegenstand nicht beeinflußt. Mit einem normalen Thermometer kann ich die Temperatur der Nordsee sehr genau messen, denn die Wärmekapazität der Quecksilberkugel vermag die Temperatur des Meeres nicht zu beeinflussen. Rein theoretisch ist sie zwar nicht gleich Null, aber praktisch ist sie es jedenfalls den Wassermassen des Meeres gegenüber, und das genügt. Will ich jedoch mit dem gleichen Thermometer die Temperatur eines Kubikzentimeters Wasser messen, so ist das unmöglich, denn die Wärmekapazität des Gerätes ist viel zu groß im Verhältnis zu dem zu messenden Gegenstand, d. h., die Messung beeinflußt den zu messenden Wert. Nichts anderes sagt die Heisenbergsche Unbestimmtheitsrelation aus, nach der man den Ort und den Impuls eines Teilchens nicht genau bestimmen kann. Der berühmte Schluß heißt dann: »In der Makrowelt sind Prognosen auf ganz genauer statistischer Basis möglich, in der Mikrowelt nicht.« Die vielerlei philosophischen, halbphilosophischen und ganz unphilosophischen Diskussionen über dieses Thema mögen hier unberücksichtigt bleiben.

Überträgt man diese aus der Naturwissenschaft stammenden Gedanken auf bestimmte Vorgänge innerhalb der menschlichen Gesellschaft, zum Beispiel auf die heute so beliebten demoskopischen Untersuchungen, so sieht die Sache etwas anders aus. Solche Untersuchungen sollen die Mehrheitsverhältnisse einfach und vorzeitig bestimmen. Nicht nur für Zigarettenmarken, sondern auch für die Politik. Es sind ganz normale Messungen, die, wie alle Messungen, Zahlen liefern. Genügen sie aber auch der Forderung, daß die Messung das zu Messende nicht beeinflußt? Ganz offensichtlich nicht. Wo ist der politologische oder soziologische Heisenberg, der diesen Dingen einmal auf den Grund geht?

Damals kannte man allerdings noch keine demoskopischen Institute, und es ist obendrein auch sehr fraglich, ob sie unter den herrschenden Umständen eines Bürgerkrieges ihr Befragungsspiel ungestört hätten ausüben können. Die Dinge nahmen unaufhaltsam ihren Lauf. Einem recht raschen, siegreichen Vorstoß der

Tschechischen Legion und der weißrussischen Kräfte nach Westen bis zur Wolga folgte alsbald der Rückschlag, denn entgegen den Erwartungen schloß sich die Bevölkerung der Bewegung nicht an, sondern blieb im Gegenteil feindselig.

Diesem Vorstoß der Tschechen und der Weißrussen Koltschaks nach Westen waren am 16. Juli 1918 der Zar und seine gesamte Familie zum Opfer gefallen

Nach seiner Abdankung im Februar 1917 war er zunächst von der Kerenski-Regierung auf einem seiner Schlösser interniert worden. Seinem persönlichen Wunsch, mit seiner Familie zu seinem Vetter, dem damaligen König Georg V., nach England ausreisen zu dürfen, wurde nicht entsprochen. Es ist nie ganz geklärt worden, inwieweit die Engländer ihn nicht haben wollten oder die Russen ihn nicht ausreisen ließen. Eines jedoch ist ziemlich sicher: Hätten die Engländer auf seiner Auslieferung bestanden, so hätte die Kerenski-Regierung sich dem nicht widersetzen können. Ganz offensichtlich war die englische Regierung in dieser Sache sehr lau. Als später die Gefahr zusehends wuchs, daß weißrussische Kräfte sich seiner hätten bemächtigen können, um der Reaktion ihre zugkräftigste Symbolfigur, wofür man ihn noch immer hielt, zurückzugeben, wurde die Zarenfamilie über den Ural nach Westsibirien, nach Jekaterinburg evakuiert. Dort wohnte sie im Hause eines früher reichen Kaufmanns, von Rotarmisten bewacht, unter durchaus humanen Bedingungen. Erst als die Tschechen und Weißrussen im Frühjahr 1918 rasch gegen Westen vorstießen, schickte die Regierung in Moskau zwei Kommissare nach Jekaterinburg mit dem Auftrag, die ganze Familie zu erschießen, damit sie auf gar keinen Fall Koltschak in die Hände fallen konnte. Vergleicht man dieses Ende mit dem Prozeß und der Hinrichtung Karls I. von England oder Ludwigs XVI. und Marie Antoinettes von Frankreich, so ist das Glanzlose, wenn man dieses Wort hier gebrauchen darf, dieses Ereignisses erschütternd. Vielleicht war diese Glanzlosigkeit in mancher Beziehung humaner als die spektakulären Geschehnisse auf den Blutgerüsten früherer Epochen, sie beraubte jedoch die Opfer der Würde, und das mag Absicht gewesen sein. Aber genaugenommen war diese Würde schon mit der widerspruchslosen Abdankung verschenkt worden. Wer Anspruch darauf erhebt, seine Krone »von Gottes Gnaden« zu tragen, begeht im Grunde Gotteslästerung, wenn er sie aus eigenem Entschluß niederlegt. Als »Willi« und »Nicki« hatten Kaiser und Zar ihre Korrespondenz geführt, was auch schon ein wenig jenseits der gebotenen Würde gelegen hatte. Nur vier Monate nach den Ereignissen von Jekaterinburg stand »Willi« im Novemberregen auf einem holländischen Grenzbahnhof und wartete, bis man ihm die Einreise gestattete. Und nur der Dritte im Bunde, Georg V., lebte noch viele Jahre in seinem Lande, allgemein beliebt und verehrt, seine erstklassige Briefmarkensammlung pflegend. Aber er hatte sich auch nie in die hohe Politik eingemischt, was nun reiche Zinsen trug. Offensichtlich verträgt sich heute Gottes Gnade nicht mehr mit aktiver Politik.

Die Todesnacht von Jekaterinburg wird gelegentlich in unserer Presse wieder lebendig, wenn die angebliche Anastasia vor Gericht steht oder eine Illustrierte im Augenblick kein Material hat. Zu jener Zeit, über die ich hier schreibe, war es Tatjana, eine andere Zarentochter, die als Kosakenoffizier verkleidet bei uns im Fernen Osten aufgetreten sein soll, aber bald in Vergessenheit geriet.

Die Zeit der Koltschak-Regierung, also die Spanne vom Frühjahr 1918 bis zum Januar 1920, insgesamt etwa eineinhalb Jahre, war eine recht eigentümliche Zeit. Sie begann, wie eigentlich fast jede Regierungsperiode nach einem Umsturz, mit neuen Geldscheinen. Echtes Zeichen der Souveränität ist eben heute nicht mehr Krone, Reichsapfel und Szepter, sondern die Notenpresse. Als nächstes wurden im Schatten der Interventionsarmeen die alten Offiziersuniformen und Epauletten wieder eingeführt. Die Schüler der höheren Klassen, zu denen ich mit nunmehr siebzehn Jahren zählte, bekamen eine vormilitärische Ausbildung. Uniformiert waren wir schon immer, nun wurde uns die Grußpflicht gegenüber Offizieren beigebracht und auferlegt. Darüber hinaus erhielten wir aber auch das, was man heute und hierzulande die Grundausbildung nennt. Die hohe Kunst, einen Haufen Menschen als geschlossene Einheit in der Ebene in verschiedenen Richtungen zu bewegen, ohne daß sich die geometrischen Proportionen ordnungsstörend verwirren, habe ich damals geübt. Und da sich die Kommandos nicht geändert haben, könnte ich theoretisch auch heute noch eine Kompanie der Sowjetarmee auf dem Exerzierplatz sinnvoll bewegen. Was ich allerdings seinerzeit an der Waffe gelernt habe, dürfte heute restlos überholt sein. Der Fortschritt der Technik ist nicht aufzuhalten, Soldatenbeine sind jedoch seit Cäsars Zeiten die gleichen geblieben.

Zunächst ließ sich die ganze Operation, vom Fernen Osten aus gesehen, sehr vielversprechend an. Die weißrussischen Truppen gingen zügig gen Westen vor und erreichten die mittlere Wolga etwa im März 1919. In dem hochschlagenden Optimismus der besitzenden Schichten wurde aber übersehen, daß diese Truppen zwar durchaus weiß, aber keineswegs russisch waren. Die Hauptlast des Kampfes trug die Tschechische Legion, die ein normales Verhältnis von Mannschaften und Offizieren besaß. Die russischen Kontingente hingegen bestanden im wesentlichen aus Offizieren, die nur über sehr wenig Mannschaften, damals sagte man Gemeine, verfügten. Das riesige Sibirien, aus dem sich diese Truppe rekrutierte, war ohnehin im Verhältnis zum übrigen Rußland sehr dünn besiedelt, und von dieser Bevölkerung war dazu ein erheblicher Teil nichtrussischer Herkunft, nämlich die islamischen Bewohner des damaligen Turkestan. Diese Usbeken, Tadschiken und Kasachen, wie sie heute heißen, sahen keinerlei Grund, sich für ihre Kolonialherren, die Russen, zu schlagen. Und die zahlenmäßig geringe Bevölkerung Sibiriens hatte dazuhin eine soziale Zusammensetzung, die sich von der des russischen Kernlandes sehr unterschied. Die Besiedelung des Landes war von Anfang an durch Menschen erfolgt, die mit den Verhältnissen im Mutterlande unzufrieden waren und sich diesen durch Auswanderung in das neue Land zu entziehen trachteten. Noch heute sind die Sibirjaken, wie sie genannt werden, innerhalb der Sowjetunion ein sich von den übrigen Russen deutlich unterscheidender Menschenschlag. Die Zahl derer, die sich aus Überzeugung der weißrussischen Bewegung anschlossen und auch gewillt waren, für deren Ziele Opfer auf sich zu nehmen, war also sehr gering und rekrutierte sich aus einer gesellschaftlichen Schicht, die für gewöhnlich das Offizierskorps stellte. Die Zahl der Roten aber, die sich in dem riesigen, unerschlossenen Gebiet leicht jeder Nachstellung entziehen konnten, war beträchtlich. Solange die Tschechische Legion glaubte, mit den Bolschewisten leichtes Spiel zu haben, blieb sie bei der Stange. Als aber im Frühjahr und Sommer die Rote Armee ernsthaft angriff, verloren die Tschechen jede Freude an dem Unternehmen und setzten sich nach Osten ab.

Bei uns im Fernen Osten wurden alle diese Ereignisse sehr gelassen hingenommen, denn die internationale Besatzung, insbesondere die japanische Sibirien-Armee, sorgte dafür, daß hier nicht viel passieren konnte. Gelegentliche Schießereien der diversen russischen Gruppen wurden nicht allzu ernst genommen, denn man wußte, daß sie nicht überhandnehmen konnten.

So unterschied sich denn der Sommer 1919 für uns nur wenig von dem vorhergehenden. Wir lebten wie immer auf der Datsche, wie immer wurde viel gesegelt, und das gesellige Leben lief in den gewohnten Bahnen. Ich selber verbrachte einige Wochen auf der Farm der Brüder Konrad auf der anderen Seite der Meeresbucht. Zwei Schweizer hatten dort vor dem Krieg eine ganze Halbinsel für billiges Geld erworben, um eine Milchwirtschaft nach schweizerischem Muster einzurichten. Sie legten zwei einige Kilometer voneinander entfernte Farmen an, beschafften gutes Vieh und versuchten, unter sibirischen Verhältnissen Milch, Butter und Käse zu erzeugen. Der Gedanke war an sich gar nicht so absurd, denn in Westsibirien bestand zu jener Zeit eine blühende Viehwirtschaft, die große Mengen Butter nach Europa exportierte. Dieser Handel lag in dänischen Händen. Die Dänen betrieben außerdem eine Telegraphenlinie aus dem Fernen Osten nach Europa, denn Radio gab es damals noch nicht. Diese Butter- und Telegraphen-Dänen waren über ganz Sibirien verstreut, und viele verkehrten auch bei uns im Haus und auf der Yacht, wo ihr Phlegmatismus Anlaß zu manchem Spaß gab.

Einmal hatten wir bei einer Segelpartie auch einen dicken, rund- und glatzköpfigen Dänen an Bord. Bei schönem, sonnigem Wetter lagen wir in einer stillen Bucht vor Anker und erfreuten uns damit, in Badehosen uns teils an Deck zu sonnen, teils ins Wasser zu springen und in dem herrlichen, klaren, bis auf den Grund durchsichtigen Wasser herumzuschwimmen. Einmal war alles wieder an Deck versammelt und trocknete sich, in der heißen Sonne auf den Planken liegend, als wir plötzlich vom Vorschiff, wo der Däne bis dahin untätig gelegen hatte, einen geräuschvollen Plumps hörten. Wir blickten gespannt aufs Wasser, aber längere Zeit war nichts zu sehen. Dann tauchte plötzlich ein runder, glänzender, triefender Kopf auf, der Mann sagte langsam, betont und bedächtig: »Swimmen kann ich nicht«, und verschwand wieder. Nach einigen Sekunden der Verblüffung sprang alles hinterher. Im klaren Wasser wurde er rasch gefunden und an Bord gebracht. Als man ihn mit Hilfe einiger Schnäpse wieder zu sich gebracht hatte, sagte er nur ganz zufrieden mit sich selber: »Und ich dachte, man könne hier stehen.«

Besagte Brüder also mit ihren Kühen fanden bald ein viel lukrativeres Geschäft als Butter und Käse. Sie friedeten ein sehr großes, mit Wald bestandenes Gelände ein und siedelten dort eine Herde sibirischer Hirsche an, sehr grazile Tiere von etwa Rehgröße mit einem schönen, damwildartig gefleckten Fell. Wenn diese Hirsche im Frühjahr ihr neues Geweih im Bast trugen, wurden sie in eine Abzäunung getrieben und von dort in eine Apparatur, die sie von beiden Seiten mit gepolsterten Holzklappen so festhielt, daß sie sich nicht bewegen konnten. Dann wurde ihnen das Geweih von Hand abgesägt, die Wunde mit Holzkohle bestreut und die Tiere wieder freigelassen. Das Geweih wurde sorgfältig getrocknet und dann nach China für teures Geld verkauft, wo es in pulverisiertem Zustand als ein beliebtes Medikament für alternde Männer gehandelt wurde. Der Verbrauch an Aphrodisiaka im damaligen China war riesengroß und wirft ein bezeichnendes Licht auf die Lebensauffassung der Söhne Hans, die noch der guten alten Zeit angehörten.

Der Sohn eines dieser Butter- und Hirsch-Farmer war einer meiner Schulkameraden. Mit ihm zusammen bin ich sogar auf die Leopardenjagd gegangen, denn während meines Aufenthaltes auf der Farm hatte gerade ein solcher Räuber Vieh aus der Herde gerissen. Wir pirschten also eines Tages durch unberührten Wald und dichtes Gebüsch, mein Kamerad mit einer guten Flinte bewaffnet voraus, ich trottete hinterher. Da mir aber der Anblick des Tötens immer schon äußerst unerfreulich gewesen ist, machte ich bei diesem Hinterhertrotten absichtlich so viel Geräusch, daß wir natürlich keinen Leoparden zu Gesicht bekamen und ich auch nie wieder auf die Jagd mitgenommen wurde. Einige Zeit nach unserer Abreise aus dem Fernen Osten ist dieser Kamerad bei einem Überfall auf die Farm ums Leben gekommen.

Auch das Leben in unserer Schule änderte sich rein äußerlich nicht, im Verhältnis zwischen Lehrern und Schülern jedoch manches. Ich sagte schon, daß die Zusammensetzung der Schülerschaft in ihrer sozialen Schichtung sehr heterogen war, und das mit voller Absicht. Während in die Domschule in Reval nur Söhne der oberen und obersten Schicht aufgenommen wurden, sollte die Schule in Wladiwostok die Söhne aller Stände in gemeinsamem Unterricht zusammenführen. Solange das soziale Gefüge des Staates intakt blieb, funktionierte das auch recht gut. Als aber im Gefolge der Revolution und Gegenrevolution die sozialen Schichten in ihren Bestrebungen sich immer weiter voneinander entfernten und sich am Ende mit der Waffe in der Hand gegenüberstanden, konnte es nicht ausbleiben, daß der Konflikt auch in die Klassenräume hineingetragen wurde. Mein späterhin berühmtester Schulkamerad, ein Jahr älter als ich, ging schon damals als Partisan in den Untergrund. Es war der bekannte russische Schriftsteller Fadejev, den ich als einzigen meiner Konpennäler nach dem Zweiten Weltkrieg wiedergesehen habe. 1950, auf dem Weltfriedenskongreß in Warschau, trafen wir uns. Wir unterhielten uns kurz über die Zeit, über die ich hier berichte, aber Stalin war damals noch am Leben, und obgleich es unter Schulkameraden eigentlich angebracht gewesen wäre, scheute er doch einen engeren Umgang mit einem »Untertan« Konrad Adenauers. Bald darauf schied er freiwillig aus dem Leben.

Meine Klassenkameraden waren in jener Nachkriegszeit ein ziemlich bunter Haufen, wie er den komplizierten Verhältnissen der Gegend und der Zeit entsprach. Da war zunächst ein waschechter Chinese, Hsiadun-hu, der bis zum Ende mein gefährlichster Rivale beim Kampf um den ersten Platz war. Hatte man im Abschlußzeugnis nur Fünfen, was unserer Eins entspricht, so bekam man eine Goldmedaille, und diese Abschlußprüfung mit einer Goldmedaille hatte eine durchaus reale Bedeutung. Die Auszeichnung berechtigte einen zum freien Studium an jeder beliebigen Universität des Landes, verlieh einem den untersten Titel der vierzehnstufigen Rangtabelle und damit das Recht, wieder eine Uniform zu tragen. Die Bezeichnung war »Kollegienregistrator«, was ganz nett klingt. Und da die Jämmerlichkeit dieses Titels hierzulande unbekannt ist, sollte man doch in unserem so titelfreudigen Lande von ihm gelegentlich Gebrauch machen.

Besagter Chinese war ein sehr kluger Kopf, und ich würde viel drum geben, zu wissen, was aus ihm geworden ist. Vielleicht leitet er heute die antirussische Propaganda Maos. Er war aus rassischen Gründen, obwohl er nicht älter war als wir, doch viel weiter entwickelt, gegen Ende der Schulzeit eigentlich fast wie ein Erwachsener unter Kindern, trug schon damals einen Backenbart, wie er heute wieder modern ist, und war mir insbesondere im russischen Aufsatz haushoch überlegen, was mir manchen Ärger bereitete. Aufsätze spiegeln ja neben vielem anderen sehr wesentlich auch die

Reife des Schülers, die durchaus nicht mit dem Alter konform gehen muß. Das macht ihre gerechte Bewertung so schwer. In einer Stadt, in der die Chinesen im wesentlichen das Proletariat stellten, war er der würdige Vertreter eines Landes, dessen hohe und raffinierte Kultur schon sehr alt war, als unsere Vorväter noch dem Tacitus als Vorbilder für unverdorbene Wilde dienten.

Ein Koreaner unserer Klasse war eine blasse Erscheinung und ist mir ohne irgendwelche auffallenden Merkmale im Gedächtnis geblieben. Ein anderer Kamerad aus meiner Klasse, Sohn sehr reicher Eltern, war Jude. Ich kann mich nicht erinnern, daß er die guten oder schlechten Seiten seines Stammes besonders hervorgekehrt hätte. Entgegen einer landläufigen Meinung gehörte er keineswegs zu den guten Schülern. In meiner Vaterstadt Reval gab es, im Gegensatz zu Riga, so gut wie keine Juden. Und die wenigen, die dort lebten, wurden nicht als etwas Außergewöhnliches betrachtet. Allerdings wäre niemandem eingefallen, mit ihnen zu verkehren, aber nicht, weil sie Juden waren, sondern weil sie nicht der herrschenden Schicht angehörten. Dieses Los teilten sie mit der eingesessenen Bevölkerung, den Esten, und niemand kam auf den Gedanken, daß da etwas nicht stimmte. Auch in Wladiwostok war ihre Zahl sehr gering, und die Verhältnisse lagen ähnlich.

Im alten zaristischen Rußland gab es das Gesetz über »die Grenze der dauernden Ansiedlung«, das verfügte, daß Juden nur westlich einer bestimmten Linie wohnen durften und zum Aufenthalt im übrigen Reiche, insbesondere in den Hauptstädten, einer besonderen

Genehmigung bedurften. Dadurch kam es, daß die russischen Juden fast geschlossen in Litauen, Polen und der Ukraine in engen Gemeinschaften lebten. Unter dem starken ökonomischen Druck entwickelten sie dort eine Geisteshaltung, die man heute im allgemeinen als die typisch jüdische bezeichnet. Da die meisten leitenden Männer und Frauen Israels aus jener Gegend stammen, ist diese ostjüdische Mentalität in dem jungen Staat ein Thema dauernder Auseinandersetzung. Jedenfalls stellten die Juden der westlichen Regionen des Zarenreiches etwas ganz anderes dar als ihre Leidens- oder Schicksalsgefährten in der übrigen Welt. Da ihnen irdische Güter weitgehend verwehrt waren, hielten sie sich an ihre uralten überlieferten geistigen Güter. Wo das Judentum heute noch typisch jüdische Geisteskultur verkörpert, stammt es meist aus jenen östlichen Gegenden. Das sollten die militanten Davids aus Tel Aviv nicht vergessen, sie könnten sonst Schaden nehmen, und nicht nur an ihrer Seele.

Des weiteren gab es zwei Brüder schweizerischer Nationalität in unserer Klasse, nicht identisch mit dem Sohn der vorher erwähnten Hirschzüchter, der eine Klasse über mir war. Diese beiden waren insofern bemerkenswert, als sie nicht weniger als 16 Geschwister hatten. Mit anderen Worten, die Familie bestand aus Vater und Mutter und 18 Kindern. Da sie zum Glück recht begütert war, ließ sich das Problem der Unterbringung verhältnismäßig einfach, wenn auch originell lösen. Der Haushalt bestand aus zwei Häusern auf einem Grundstück, in dem kleineren wohnten die Eltern mit ihrem Personal, in dem größeren die 18 Kinder mit ihren Kindermädchen, Haushälterinnen und dem Küchenpersonal. Der Verkehr zwischen »Ober- und Unterhaus« beschränkte sich auf gelegentliche wechselseitige Besuche, und es ging die vermutlich nicht unbegründete Mär, daß die Eltern ihre Kinder an einem dritten Platz wohl kaum erkannt hätten.

Sehr kinderreiche Familien waren damals keine allzu große Seltenheit. Es gibt eine makabre Geschichte zu diesem Thema. In Moskau waren es bei den Aprikossows insgesamt 21. Jedes dieser Kinder bekam morgens zum Frühstück ein Brötchen zum Tee. Einige Zeit nun fiel es auf, daß immer ein Brötchen übrigblieb. Als nach 14 Tagen Hausputz gehalten wurde, löste sich das Rätsel auf. Ein Kind wurde tot unter dem Divan gefunden.

Zwei andere Schulkameraden, beides Esten, habe ich 1935 noch in Reval wiedergesehen. Einer, er war eine Klasse vor mir, wurde Architekt und ist während des Zweiten Weltkrieges nach Schweden ausgewandert. Den anderen, eine Klasse tiefer als ich, konnte ich 1964 nicht mehr in Reval finden. Was aus ihm geworden ist, weiß ich nicht. Er war der Sohn des lutherischen Pastors in Wladiwostok, der mich dort konfirmiert und in dessen Haus ich sehr häufig verkehrt hatte.

Die lutherische Gemeinde des sibirischen Fernen Ostens, die im wesentlichen aus Deutschen, Esten und Letten bestand, hatte in Wladiwostok eine ganz ansehnliche Kirche mit Pfarrhaus gebaut, und niemand Geringerer als Kaiser Wilhelm II. hatte die liturgische Bibel mit eigenhändiger Widmung gestiftet, seinem Wahlspruch getreu: »Völker Europas, wahrt eure heiligsten Güter!« Der Pastor predigte umschichtig in den drei Sprachen seiner Gemeindeglieder, er war zudem noch der russischen Landessprache mächtig, also ein ziemlich polyglotter Vertreter seines Berufes. Sein Sprengel umfaßte ein Areal von etwa 3000 mal 3000 Kilometer, und im Sommer pflegte er per Bahn, Schiff und schließlich per Pferd seine etwas zerstreut wohnenden Pfarrkinder zu besuchen. Oft konfirmierte und traute er die gleiche Person auf einmal und taufte auch in einem Aufwasch deren Nachwuchs. So genau kam es da oben in der Taiga nicht darauf an. Im übrigen war er ein trinkfester und kerniger Mann, wie ihn Zeit und Land erforderten.

Als die Bolschewisten die Stadt endgültig eroberten, siedelte er wieder nach Reval, nunmehr Tallinn, über und übernahm dort eine Pfarre. Davon erfuhr ich, als ich 1935 mit meiner Frau wieder in meiner alten Heimat war, und ich beschloß, mir mit ihm einen kleinen Scherz zu leisten. Wir gingen also beide in sein Büro und bestellten bei ihm ein Aufgebot zur Trauung. Da er mich zuletzt gesehen hatte, als ich achtzehn Jahre alt war, erkannte er den inzwischen Dreiunddreißigjährigen nicht. Er holte also seine dicke Schwarte hervor, um uns ins Kirchenbuch einzutragen, und fragte uns nach unseren Personalien. Als ich ihm meinen Namen nannte, begann er zunächst routinemäßig in seinem Buch zu schreiben, dann stutzte er, schaute mich scharf an und sagte: »Verdammt noch mal, dich kenne ich doch! Aber man hat mir gesagt, du seist schon verheiratet. Was soll ich denn mit dieser hier machen?« Als sich alles aufgeklärt hatte, feierten wir dann im Hôtel du Nord das Wiedersehen auf feuchtfröhliche Weise. Darin war er immer noch sehr leistungsfähig.

Einer meiner besten Freunde in der Schule war ein Russe, dessen Vater Stationsvorsteher an einer Seitenlinie der Sibirischen Bahn war, die ein kleines Kohlenrevier bediente. Die Linie ist inzwischen weiter bis zum Hafen Nachodka ausgebaut, wo die Reisenden heutzutage den sowjetischen Dampfer nach Japan besteigen; denn Wladiwostok, von wo aus man früher abreiste, ist als Kriegshafen für Ausländer Sperrgebiet. In dieser Gegend, etwa 100 Kilometer von der Stadt entfernt, wohnten damals hauptsächlich ukrainische Bauern. Ich bin öfter dort in den Ferien zu Besuch gewesen und habe mich in den ukrainischen Dörfern herumgetrieben. Die ukrainische Sprache unterscheidet sich vom Russischen etwa wie das Holländische vom Deutschen. Man versteht genug davon, um sich zu verständigen, der Unterschied ist aber doch so groß, um einen leicht komischen Verfremdungseffekt zu erzeugen.

Man nimmt heute an, daß die slawische Besiedlung Ost- und Südosteuropas aus dem Raum der östlichen Karpathen erfolgt ist. Die heute in der Ukraine lebenden Slawen strömten damals in ein fast leeres Gebiet und haben daher ihren ursprünglichen Charakter weitgehend bewahrt. Sie unterscheiden sich deshalb auch stark von dem Typus, den wir in Westeuropa im allgemein als slawisch empfinden. Sie haben meistens dunkelbraune Augen und Haare, sind recht temperamentvoll, aufgeschlossen, gesellig, witzig, fröhlich und von einer auffallenden Freude an Farben. Ukrainische Dörfer mit ihren weißgetünchten Häusern, ihren vielen Blumen und Obstbäumen wirken hell und freundlich. Wer im letzten Kriege nur die Ukraine gesehen hat, kennt das eigentliche Rußland nicht.

Als das Kiewer, also altslawische Reich unter dem Druck der Mongolen zusammenbrach, wich die Bevölkerung in breitem Strom nach Norden der Unterdrükkung aus, in die schützenden Wälder. Hier lebte jedoch schon eine eingesessene Bevölkerung finnischen Ursprungs, mit der sich die Slawen im Laufe der Jahrhunderte vollständig vermischten, wodurch der Typus des Großrussen entstand, den wir irrtümlich für slawisch halten. Es sind viel eher Finnen, die eine slawische Sprache sprechen. Das typische Merkmal sind nicht etwa die hervorstehenden Backenknochen, sondern neben der überwiegenden Blau- und Grauäugigkeit das fast weiße Haar der Kinder, das dann in späteren Jahren zu einem mittleren Aschblond nachdunkelt. Dieser Kindertyp ist für russische Dörfer so charakteristisch, daß er auf unzähligen Heimatbildern russischer Maler als stimmungsbildendes Element neben anderen erscheint. Von dem ebenfalls blonden, in der Jugend aber deutlich dunkleren Typ der blauäugigen Skandinavier ist der finnische Mensch leicht dadurch zu unterscheiden, daß er unter starker Sonnenstrahlung schnell bräunt, während die helle Haut der Skandinavier sich eher rötet. Im übrigen entsprechen diese Verhältnisse sehr schön der Wawilowschen Theorie, daß rezessive Merkmale einer Bevölkerung an die Peripherie gedrängt werden, während die dominanten das Zentrum beherrschen.

Dieser so entstandene großrussische Mensch ist melancholisch, grüblerisch, schweigsam, ungesellig, bedächtig und außerordentlich hart im Nehmen. Seine Dörfer sind farblos, schmucklos, eintönig und grau, und so ist auch seine Kleidung. Er war und ist das tragende rassische Element des riesigen Landes, obwohl er fast nie in den Spitzenfunktionen des Staates zu finden war. Der letzte Herrscher russischen Blutes war Peter der Große, der 1725 starb. Die Bilder zeigen jedoch keinen finnischen, sondern einen typisch slawischen Menschen mit dunklen Augen und dunklem, gewelltem Haar. Alle nachfolgenden Romanows hatten bis 1917 keinen Tropfen russischen Blutes. Erst seit 1964 ist mit Aleksej Kossygin ein typisch großrussischer Mann wieder an der Regierung. Und da die westliche Presse ihm gelegentlich einige Aufmerksamkeit schenkt, geraten die gerade bei ihm sehr stark ausgeprägten großrussischen Eigenschaften an eine breitere Öffentlichkeit.

Aber zurück in die ukrainischen Dörfer im Sichote-Alin-Gebirge. Mein Freund war und fühlte sich hier zu Hause, sprach fließend Ukrainisch, und in seiner Begleitung ließ man mich nicht fühlen, daß ich ein Fremder war, von deutsch-baltischer Herkunft, und aus einer anderen gesellschaftlichen Schicht stammte. Besonders reizvoll waren in diesen Dörfern die Sommerabende, wenn nach getaner Arbeit alles auf einer Wiese zusammenkam, die Burschen mit ihren Schifferklavieren stimmungsvolle Musik machten und dazu gesungen und getanzt wurde. So bunt und so formvollendet, wie wir diese Lieder und Tänze heute bei Gastspielen des Ukrainischen Staatsballetts und Chors bei uns auf der Bühne bewundern können, waren diese ländlichen Feste natürlich nicht, aber sie waren bunt, fröhlich, improvisiert und vor allem echt. Und man saß oder lag im duftenden Gras, den Himmel über sich.

Wie viele von jenen flinken, nackten Mädchenfüßen, die damals die abendliche Dorfwiese belebten, mögen heute noch als sehnige, krampfadrige Greisinnenbeine über den Hof schlurfen? Die es noch tun, würden allerdings, begegneten sie mir, auch einiges von dem Achtzehnjährigen vermissen, der ihnen damals bewundernd und begehrend zuschaute.

Auch das dortige kleine Kohlenrevier habe ich mehrmals besucht. Da die Stichbahn wegen des Gebirges nicht unmittelbar bis zur Zeche führte, war das letzte Stück über einen Bergrücken nur mit einer auf Schienen laufenden Seilbahn, die zum Kohlentransport diente, zu bewältigen. Die Passagiere legten sich auf der Hinfahrt in die leeren Loren, auf der Rückfahrt auf die geladene Kohle, wobei man sich möglichst flach machen mußte, um nicht von den überhängenden Ästen abgestreift zu werden. Schwarz wurde man zwar hin und zurück, im übrigen aber war die Fahrt bergauf und bergab durch den Wald sehr reizvoll. Die Bergleute zeigten uns gern den Untertagebetrieb, der damals natürlich ohne Schräm-Maschinen von Hand betrieben wurde. Und die Kumpels nahmen die gute alte Davissche Sicherheitslampe mit nach unten. Abgebaut wurde eine sehr gute Anthrazitkohle, die Bahn, Schiffe und Städte der weiteren Umgebung in Betrieb hielt. Für uns junge Menschen war das Gefühl, Hunderte von Metern unter der Erdoberfläche zu sein, ein besonderes Abenteuer. Das Wandern mit der schwachen Lampe in der Hand durch die ausgebauten Stollen, das Zusehen bei der Arbeit vor Ort, wo der

Mann liegend die Kohle brach, der Anblick der armen Grubenpferde, die ihr Leben dort unten im Dunkeln verbrachten und die es damals noch vielerorts gab, und die schwarzen Gesichter mit den unnatürlich weißglänzenden Augen erregten unsere Phantasie.

Der Kohlenbergbau, also der einstmals gefährlichste, wichtigste und auch populärste, geht überall langsam zurück in dem Maße, wie sich die Energieversorgung auf Öl und Atomenergie verlagert. Beteiligte und Unbeteiligte sollten eigentlich froh sein für jeden Mann, der sich nicht mehr dort unten in Dunkelheit, Hitze und Nässe abrackern muß, um schließlich mit einer Staublunge frühzeitig Rentner zu werden. Wie aber immer in solchen Fällen trennen sich gerade die unmittelbar Betroffenen nur schwer von einem Beruf, dem sie eigentlich mit einem Freudenschrei den Rükken kehren sollten.

Als die Dampfschiffe aufkamen, wurde der unglaublichen Schinderei auf den alten Segelschiffen nachgetrauert, auf den Motorschiffen den Dampfschiffen, auf den Elektroloks den wuchtigen, romantischen, imponierenden Dampflokomotiven, deren Heizer und Führer wenigstens noch sichtbare Spuren ihrer verantwortungsvollen Tätigkeit an Händen und im Gesicht trugen.

Die volle Automatisierung so vieler Tätigkeiten, die früher nur die Hand, der Körper des Menschen erledigen konnten, bringen nun einmal einen Verlust an Romantik mit sich. Das ist es aber nicht allein, was den Menschen berührt. Was er noch immer nicht befriedigend bewältigt sieht, ist die Umstellung von der »Arbeit im Schweiße des Angesichts« auf die körperlich bequemere Art des Arbeitens mit Hilfe des technischen Apparats. Instinktiv wehrt sich der arbeitende Mensch gegen diesen zunehmenden Verlust an ausgewogener Beanspruchung seiner *ganzen* Person. Auch mehr und mehr verbesserte Lebensverhältnsse und noch so bequeme Arbeitsbedingungen sind kein Ersatz dafür. Es ist eine der dringlichsten Aufgaben, meine ich, der Einseitigkeit der Belastung während der Arbeit abzuhelfen. Hinzu kommt, daß die körperliche Arbeit, wenn sie nicht, wie im Bergwerk von Anno dazumal, unter ungesündesten Bedingungen getan werden muß, dem Menschen im allgemeinen psychisch und physisch besser bekommt als eine Tätigkeit, die vor allem den Verstand beansprucht und die Hand nur noch zu Hebelgriffen braucht oder zu mechanisierten Bewegungen am Fließband. Der Prozeß der Anonymisierung des Lebens bedroht die menschliche Existenz viel zu ernstlich, als daß man ihr mit Methoden der Freizeitgestaltung allein beikommen könnte. Wichtiger wäre wohl, daß man sich zur Arbeitszeitgestaltung etwas mehr einfallen ließe.

Außer unseren Ausflügen in die Tiefe unternahmen wir beiden Jungen damals aber vor allem Streifzüge durch die unberührten Bergwälder. Eine ordnungsmäßige Forstwirtschaft gab es nicht, alles wuchs und fiel, wie es die Umstände zuließen oder erzwangen. Das mag auch ein Grund dafür gewesen sein, daß die Bäume über eine mittlere Höhe nur sehr selten hinausgerieten. Einzig die sibirische Zeder, eigentlich eine Kiefernart, reckte sich gelegentlich zu größerer Höhe auf. Die Kerne aus ihren beachtlich großen Zapfen wurden als sogenannte Zedernüsse gerne gegessen und schmeckten wie Haselnüsse mit einem leicht harzigen Beigeschmack. Sie sind auch heute noch in Sibirien sehr beliebt. Mücken, sonst die fast unerträgliche Plage der sibirischen Taiga, gab es bei uns im Fernen Osten kaum, es fehlte im Gebirge das stehende Wasser. Dafür hatten wir es im Sommer immer mit den Zecken zu tun. Ging man auch nur kurze Zeit unter Bäumen, so ließen sich diese Schmarotzer unbemerkt auf ihre Opfer fallen, krochen unter die Kleider, saugten sich irgendwo, ohne daß man es merkte, fest und füllten sich bald schön prall und rund mit Blut. Versuchte man sie dann herauszuziehen, so brach der Kopf unweigerlich ab, blieb in der Haut stecken und verursachte recht üble Entzündungen, die langwierig auseiterten. Die einzig wirksame Methode, ihnen beizukommen, war, sie mit Petroleum anzufeuchten, wonach sie freiwillig ihren Saugapparat zurückzogen. Diese Petroleumschmiererei war meistens zu Hause der Abschluß einer längeren Wanderung durch Berg und Wald, und zuweilen mußten auch empfindlichere äußere Organe in Petroleum getaucht werden, um in solchen Fällen besonders schmerzhaften Eiterungen rechtzeitig und wirkungsvoll vorzubeugen.

Unter meinen Klassenkameraden gab es auch zwei Sprößlinge der Ussurikosaken, die im Laufe der immer weiter um sich greifenden gesellschaftlichen Zersetzung besonders aufsässig wurden.

Kosaken gab es im alten Rußland an den verschiedensten Stellen, und ihnen allen gemeinsam war, daß sie im Prinzip Wehrbauern waren, die an offenen, besonders gefährdeten Grenzen siedelten. Sie genossen eine Reihe wirtschaftlicher Privilegien, wofür sie zu langem Wehrdienst mit eigenem Pferd und eigener Waffe verpflichtet waren. Ihre Führer wählten sie selber, und diese hatten vollständig andere Bezeichnungen der Dienstgrade als die Offiziere der übrigen Kavallerie. Sie waren hervorragende und berühmte Reiter und wurden vom zaristischen Regime gern benutzt, um revolutionäre Bewegungen zu bekämpfen, verbanden sie doch ihre wirtschaftlichen Interessen sehr stark mit denen der bestehenden Ordnung.

Im Fernen Osten waren es eben jene Ussurikosaken, die am Flusse gleichen Namens in der Gegend von Uman ansässig waren. An Stelle der roten Streifen an Hosen und Mützen, wie sie der Welt von den Donkosaken her bekannt sind, trugen sie ein schwefliges Gelb. Ihre eigentliche Aufgabe, die Bevölkerung in der dünnbesiedelten Gegend vor chinesischen Räubern zu schützen, lösten sie auf ihre Weise. Sie veranlaßten die Bauern, größere Flächen mit dem streng verbotenen Mohn anzubauen, schützten diesen mit sanftem Nachdruck gegenüber der sowieso nicht sehr tatendurstigen Obrigkeit und vermittelten schließlich im Herbst die Ernte an die chinesischen Räuber, die sie mit weit größerem Profit nach China verkauften, als sie je aus der armen Bevölkerung hätten herauspressen können. Dafür, daß sie diese Ernte auch wirklich bezahlten und nicht umsonst mitgehen ließen, sorgten eben die Kosaken, und zum Schluß waren alle drei Parteien mit dem Geschäft zufrieden, genauer gesagt, alle vier, bezieht man den als Endstufe des Prozesses fungierenden Konsumenten mit ein. Begegnete man also im Sommer einem solchen gelbgestreiften Reitersmann in freier Wildbahn, so konnte man sicher sein, daß irgendwo nicht weit im Walde verborgen ein prächtig blühendes Mohnfeld zu finden war.

Als Söhne dieser Kosaken waren besagte Schulkameraden etwas unbotmäßige Zeitgenossen. Und wie dies nun einmal ist, hatten hierunter einige Lehrer viel und einige kaum zu leiden. Von der Wichtigkeit einer lautstarken Stimme zur Erhaltung der Autorität unter ungünstigen Bedingungen habe ich schon geschrieben. Aber noch eine andere Fähigkeit ist dazu fast unerläßlich. Es ist offensichtlich, daß in der Arena die Frage der intakten Autorität des Löwenbändigers gegenüber seinen Tieren von entscheidender Bedeutung ist. Der Dompteur bedient sich dabei eines Tricks, dem die Verhaltensforschung auf die Spur kam, das heißt, der Trick ist viel älter als die Forschung, doch das ist ja oft der Fall. Ein Tier, das von der Natur mit dem Trieb ausgerüstet wurde, andere Lebewesen anzugreifen, um seine Ernährung zu sichern, wird einen flüchtenden Gegner verfolgen, einen auf sich zukommenden jedoch als potentiellen Angreifer betrachten. In diesem zweiten Fall gibt es eine sehr genau begrenzte Entfernung, innerhalb derer das Tier noch zurückweicht. Überschreitet man die gebotene Grenze, so greift es, nunmehr in Selbstverteidigung, an. Durch sehr sorgfältige Beachtung dieser Entfernung dirigieren Dompteure ihre Löwen und Tiger dorthin, wo sie für die jeweilige Nummer hingehören. Das ist bekannt. Leider weniger bekannt ist, daß die Sache, mutatis mutandis, auch für Menschen gilt. Der klar Überlegene hat es leicht, sich durchzusetzen, sehr viel schwerer ist es für den klar

Unterlegenen. Wichtig ist hierbei die genaue Einhaltung der Grenze, hinter der die Schwelle zur für gewöhnlich vorhandenen Aggressionshemmung liegt. Das verlangt sehr viel Feingefühl und gute Nerven, Berufsvoraussetzung für jede Art von Dressurarbeit, gerade auch bei den Lehrern. Die beiden Kosakensöhne waren lohnende Objekte derartiger Bändigungsversuche.

Unser Turnlehrer hatte am wenigsten unter Autoritätsproblemen zu leiden, denn das Turnen war allgemein beliebt und wurde gerne geübt. Mit einer Ausnahme allerdings, und diese Ausnahme war ich. Wir hatten einen sehr schönen, großen Turnsaal in der Schule, der mit allen notwendigen Geräten versehen war. Der Turnlehrer war Tscheche und begeisterter Sokol. Die Sokoln, zu Deutsch Falken, waren in der K. u. K.-Monarchie eine tschechische Turnerbewegung, ähnlich etwa derjenigen des Turnvaters Jahn, d. h., sie hatte ausgesprochen nationalistisch-patriotische Tendenzen. Dieser Mann ließ mich nun keineswegs meine deutsche Herkunft fühlen, sondern die betrübliche Tatsache war, daß ich trotz aller seiner Anstrengungen nicht turnen konnte. Die Beine waren in Ordnung, aber mit den Armen war nicht viel los. Mit anderen Worten, bei Weit- und Hochsprung, an Bock und Pferd stand ich meinen Mann, am Reck aber sah es anders aus. Während meine Kameraden mit der Riesenwelle durch die Luft wirbelten, hing ich an der Stange wie eine nasse Unterhose in leichter Brise. Im gewöhnlichen Turnunterricht war das zwar nicht erfreulich, aber es ging noch. Zur Qual und Demütigung jedoch wurde das jährliche Schauturnen. Zu diesem Anlaß fand ein kleiner Empfang der Eltern und Bekannten statt, es wurde etwas Kleinkunst vorgetragen und eben »schau«-geturnt. Wir hatten für diesen Zweck schneeweiße, ärmellose Hemden und lange, weiße Hosen an und trugen um den Bauch eine wunderschöne rote, seidene Schärpe. Unter den Klängen des Marsches »Alte Kameraden« marschierten wir ein, und bis dahin störte ich das festliche Bild kaum. Wenn ich aber dann am Reck zuckende Bewegungen machte, wie Galvanis berühmte Froschschenkel, mußten die Besucher krampfhaft in eine andere Richtung blicken, um nicht laut loszulachen. Und das allerschlimmste war, daß meine große, feurige Liebe, die Tochter des Direktors, als Klavierbegleiterin für gefühlvolle Lieder von Amateursängern anwesend, bei diesem Schauspiel einen ausgesprochen spöttischen Ausdruck in die Augen bekam.

Dem Turnlehrer muß ich es noch heute hoch anrechnen, daß er mir trotz allem die höchste Note in mein Endzeugnis setzte, denn die früher erwähnte und nicht unwichtige Goldmedaille hing davon ab, daß keine Note, auch nicht für Turnen, Religion oder Singen, unter »sehr gut« lag. Es gibt eben keine Auszeichnung, bei der nicht auch etwas Schiebung mit im Spiele ist.

Außer dem Turnsaal hatten wir für sportliche Betätigungen einen großen Hof zur Verfügung. Zwei Seiten dieses Hofes wurden im Winkel vom Schulgebäude begrenzt, auf einer Seite ging er frei und eben in offenes Gelände über, und die vierte Seite fiel steil etwa dreißig bis vierzig Meter zur Stadt hin ab, so daß man über die Dächer hinweg einen herrlichen Blick auf die Bucht und die umgrenzenden Berge hatte. Im Sommer spielten wir dort gerne Fußball, wobei mir persönlich mein gutes Beinwerk zustatten kam und die mangelhafte Handarbeit nur von Vorteil war. Oft allerdings geschah es, daß der kräftig und hoch geschossene Ball über den Abhang hinaus in die darunter liegende Stadt flog. Unsere Regeln verlangten dann, daß der Schütze hinunterlief, den Ball zu holen, was gut und gerne fünfzehn bis zwanzig Minuten dauerte, und die schuldige Partei mit einem Mann weniger spielen mußte, denn einen Ersatzball hatten wir immer bei uns. Bei uns gab es also keine Strafbank, sondern einen Strafmarsch.

Im Winter wurde der besagte Hof geflutet und in eine Eisbahn verwandelt, die in der großen Pause von den Schülern gern benutzt wurde. Für andere Eisläufer aus der Stadt war sie zu windig und kalt und auch zu abgelegen. Das Schlittschuhlaufen auf allerlei Eisbahnen war und ist im Osten sehr populär, und Eislaufen ist eine der wenigen Sportarten, bei denen ich auch heute noch eine leidliche Figur mache. Auch in Reval in der Domschule hatten wir, wie alle anderen Schulen, einen solchen Eisplatz, der sehr geschützt lag und auf dem als »Nicht-Schüler« laufen zu dürfen als hohes Privileg galt. Der Schnee und der durch das Laufen entstandene Eisstaub wurde an den Seiten zu Wällen zusammengekehrt und abgeschnittene Tannen rundherum hineingesteckt. An einer Stelle war auch eine kleine Laube aus Tannen mit einer Bank auf dem Eise aufgebaut, um den Primanern Gelegenheit zu geben, dort, wenn schon nicht unbeobachtet, so doch ungestört ihre »Flammen« küssen zu können. Der Platz war wegen der im Norden sehr kurzen Wintertage gut beleuchtet, in einer mit einem Kanonenofen geheizten Muschel spielte ein Militärorchester Walzer und Märsche, und in einer ebenfalls geheizten Bretterbude konnte man sich umziehen, die Schlittschuhe ablegen und heißen Tee und Glühwein bekommen. Ähnliche Bahnen gab es überall. Oft wurden in städtischen Parks die ohnehin beleuchteten Wege mit Wasser ausgegossen, so daß man sozusagen auf Schlittschuhen spazierengehen konnte. Im Fernen Osten, wo bei scharfem Frost wenig Schnee fiel, froren kleinere Flüsse über die ganze Länge spiegelblank und glasklar zu. Lief man nun auf Schlittschuhen auf einem solchen Flüßchen, so sah man unter sich, wie durch eine Glasscheibe, die Fische blitzschnell in alle Richtungen auseinanderspritzen.

Von den Lehrern hat der Chemielehrer auf mein Leben den entscheidenden Einfluß ausgeübt, nicht kraft seiner Persönlichkeit, sondern kraft seines Faches. In unserer für damalige Verhältnisse supermodernen Schule gab es einen sehr schönen Chemiesaal, der mit allem Nötigen für den Unterricht versehen war. Nur Gasbrenner hatten wir nicht, denn die Stadt hatte kein Gaswerk. Propangasflaschen gab es damals noch nicht. So behalfen wir uns mit kleinen Spiritusbrennern, und das ging recht gut. An der Chemie hatte ich soviel Freude, daß ich mich ohne Zögern nach bestandenem Abitur für dieses Fach entschied, ich habe diese Freude im Laufe von immerhin fünfundvierzig Jahren nie verloren. Mein Vater hatte wohl gehofft, daß ich sein damals recht beträchtliches Unternehmen eines Tages übernehmen würde; von dem, was Chemie war und was man damit anstellen konnte, hat er wohl nie eine Ahnung gehabt. Standesgemäße Arbeit war für ihn identisch mit Büroarbeit, daß man aber auch durch

Hantieren mit allerlei seltsamen Glasgeräten und oft recht aggressiven Flüssigkeiten und Pulvern ebenfalls behaglich leben konnte, ist ihm nie so ganz verständlich geworden. Er war mit dieser Meinung nicht allein, und sie scheint sogar heute noch eine gewisse Gültigkeit zu haben. Denn wenn in Romanen, Theaterstükken, Filmen oder in Karikaturen irgendeine Person zur Arbeit geht oder von ihr zurückkehrt, so ist es meist jemand, der ins Büro geht oder von dort kommt. Vermutlich entsteht diese auffällige Ideenassoziation von Arbeit und Schreibtisch dadurch, daß sie ihrerseits wieder von einem Schreibtisch ausgeht und sich der Horizont offenbar nur schwer über diesen hinaus ausweiten läßt. Ich selber habe alle Papiersklaven gerne als Federvieh apostrophiert; ich hatte lange Zeit die Gewohnheit, alle eingehende Post, ohne sie zu öffnen, auf meinem verwaisten Schreibtisch zu stapeln, wo sie sich zu geologischen Schichten auftürmte, während ich meiner Tätigkeit im Laboratorium nachging. Kam dann ein Telefonanruf mit beleidigter Stimme: »Wir haben Ihnen vor drei Monaten ein Schreiben mit der Bitte um Stellungnahme geschickt und haben noch keine Antwort«, dann holte ich das betreffende Papier aus der »unteren Kreide« hervor und erledigte es widerwillig. Es blieb aber verblüffend und einleuchtend, daß sehr vieles meiner Methode recht gab, indem es nie reklamiert wurde. Einmal schlug ich der Werksleitung vor, zwecks Arbeitsersparnis alles, was ungelesen auch direkt in den Papierkorb wandern konnte, in grünen Umschlägen zu verschikken, stieß aber mit meiner Idee erstaunlicherweise auf keine Gegenliebe.

An der Chemie hat mich immer die harmonische Mischung von Theorie und Empirie gefesselt, die getrennt einerseits bei der Physik, andererseits bei Biologie und Medizin liegen. Es war genügend Theorie darin, um ein festes Gerüst für die Arbeit zu liefern und gleichzeitig ausreichend Empirie, um der Phantasie keine allzu engen Fesseln anzulegen. Die Forschung artete weder zu einem uferlosen Herumrechnen auf dem Papier aus noch in ein Herumplätschern in zahllosen nicht zu deutenden und obendrein unsauberen Versuchen. In letzter Zeit hat auch in der Chemie die Theorie einen Großangriff gestartet, aber da hatte ich schon die vor Verfolgung schützende Pensionierungsgrenze in Sicht.

Ein besonderes Kapitel unserer ostsibirischen Jahre waren die Kriegsgefangenen.

Der Erste Weltkrieg war in vielfacher Hinsicht der erste moderne Krieg in der Geschichte. Bezüglich der Technisierung der Waffen hatte er zwar schon einen Vorläufer im Russisch-Japanischen Krieg von 1904/05, jedoch war dieser eher eine Art Ouvertüre zur modernen Kriegsführung, die Motive waren schon alle angedeutet, die Durchführung fehlte noch. Die dann aber nach 1914 erstmalig praktizierte Kombination großer kämpfender Menschenmassen und langandauernder Kämpfe gab besonders dem Problem der Kriegsgefangenen ein neues Gesicht. Ihre Zahl und die Dauer ihrer Gefangenschaft wuchsen sprunghaft an.

Die in russischer Hand befindlichen Kriegsgefangenen setzten sich in der Hauptsache aus österreichischungarischen Kontingenten zusammen, an zweiter Stelle kamen die Türken, die Reichsdeutschen bildeten eine ausgesprochene Minderheit. Da der gesamte Nachschub über die Sibirische Bahn von Ost nach West rollte, lag es nahe, die ohnehin leer zurückgehende Transportkapazität dafür zu benutzen, die Kriegsgefangenen nach Sibirien zu verfrachten. Da dieses Land vom Krieg nur wenig berührt war, ließen sie sich dort erstens leichter verpflegen, und zweitens waren sie dort wirklich »weit vom Schuß«, an eine Flucht war angesichts der Entfernungen und der klimatischen Bedingungen nicht zu denken. Auch wir hatten in der Nähe unserer Stadt einige Gefangenenlager, die bis zur Revolution ordnungsgemäß von russischen Wachmannschaften beaufsichtigt wurden. Im Zuge der allgemeinen russischen Schlamperei ist in diesen Kriegsgefangenenlagern viel Unerfreuliches passiert, wenn es auch wie meist weit hinter den Gerüchten zurückblieb. Man war auf das ganze Problem eben nicht so recht vorbereitet. Verglichen mit dem, was sich in und nach dem letzten Krieg auf diesem Gebiet getan hat, war es jedoch eine fast idyllische Angelegenheit. Bekanntlich sind die sowjetischen Kriegsgefangenen in deutschen Lagern zu Millionen umgekommen, teils wurden sie erschossen, teils verhungerten sie, wobei Kannibalismus nicht nur vereinzelt vorkam, und auch die Gefangenschaft deutscher Landser in der Sowjetunion war mehr als hart und grausam. Schließlich war aber die Gefangenschaft bei den Amerikanern auf den berüchtigten Rheinwiesen, an der ich aktiv teilgenommen habe, auch alles andere als human.

Die deutschsprachige Minorität im damaligen Rußland bemühte sich, den gefangenen Deutschen und Ungarn, soweit es möglich war, zu helfen. Trotz verschiedener Staatsangehörigkeit empfand man doch ein gewisses Verwandtschaftsgefühl, das von den russischen Behörden zwar mißtrauisch betrachtet, aber im großen ganzen doch geduldet wurde. Es waren nun einmal, absolute Monarchie hin, russischer Chauvinismus her, aus heutiger Sicht betrachtet erstaunlich liberale Zeiten. So begaben wir uns mit allerhand milden Gaben häufiger in die Lager. Die kürzlich verstorbene Elsa Brandström, den »Engel Sibiriens«, habe ich dort persönlich gesehen. Will man sich die fortschreitende Verrohung unseres Jahrhunderts einmal ganz klar vor Augen führen, so stelle man sich eine Elsa Brandström in den Konzentrationslagern des Dritten Reiches, im Vietnamkrieg oder auch nur im Griechenland der Obristen vor. Sie würde nicht geduldet, sie wäre undenkbar. Was die allgemeine Humanität angeht, haben wir wahrhaftig noch einiges aufzuholen.

Jedem denkenden Menschen stellt sich die Frage, worauf diese so offensichtliche Verrohung der Sitten in unserer Zeit zurückzuführen ist. Auf Perioden ausgesprochener Bestialität, wie etwa das 16. und 17. Jahrhundert – man denke an die Religionskriege in Frankreich, die Bauernkriege in Deutschland, den Dreißigjährigen Krieg –, folgten solche von verhältnismäßiger Humanität und Toleranz wie das 18. und 19., in denen kriegerische Auseinandersetzungen eher den Charakter sogenannter Kabinettskriege hatten. Daß gewaltsame Verschiebungen der Besitzverhältnisse im Hinblick auf erhöhte Brutalität eine wichtige Rolle spielen, ist evident, denn wenn der Mensch am Portemonnaie gepackt wird, ist er zu allen Scheußlichkeiten bereit, es ist das leider der bei weitem empfindlichste Teil seiner Seele. Aber so ganz kann diese Erklärung doch nicht befriedigen, denn sie erhellt nicht jene zahlreichen Fälle, wo Grausamkeiten vollkommen sinnlos begangen werden. Ich glaube, wir kommen an der betrüblichen Feststellung nicht vorbei, daß bestimmten Personen unter bestimmten Umständen fremder Schmerz Freude bereitet. Es ist dies eine höchst unerfreuliche und gefährliche Form der Selbstbestätigung, insbesondere phantasiearmer und primitiver Naturen, wie sie leider überall und immer vorhanden sind und waren, deren Betätigungsmöglichkeiten jedoch im Wechsel der Zeiten schwanken. Warum man ihnen gerade in unserem Jahrhundert, und nicht nur in Deutschland, ein so breites, ausgiebiges Feld eingeräumt hat, ist eine Untersuchung wert. Warum hat das deutsche Heer sich im Kriege 1870/71 ausgezeichnet und ehrenhaft benommen, im Ersten Weltkriege nicht mehr ganz so vorbildlich und im Zweiten recht zweifelhaft? Es war doch die gleiche Nation, was hatte sich also geändert? Als man meiner Mutter, einer geborenen Reichsdeutschen, im Ersten Weltkrieg erzählte, die deutschen Soldaten hätten in Belgien den Kindern die Hände abgehackt, hat sie gelacht und das mit voller Überzeugung als unmöglich betrachtet. Und sie hatte damals recht. So etwas konnten Deutsche gar nicht tun. Zu ihrem Glück hat sie den Zweiten Weltkrieg nicht mehr erlebt, denn damals taten deutsche Soldaten noch ganz andere Dinge, ob freiwillig oder gezwungen, sie taten es. Die gleichen, die es früher unmöglich hätten tun können. Man kann die Frage natürlich auch so stellen: Warum wurden diesmal Befehle gegeben und weitergegeben, die früher niemandem in den Sinn gekommen wären? Was hatte sich geändert? Die deutschen Greueltaten in Rußland, Polen und der Tschechoslowakei waren nicht nur zutiefst inhuman, sie waren sinnlos und kehrten sich im Endeffekt grausam gegen ihre Urheber.

Natürlich haben nicht nur die deutschen Soldaten Greuel begangen, aber eben auch. Über das, was in Vietnam geschieht, läßt sich auch eine Menge sagen und es wird auch gesagt. Und auch beim amerikanischen Heer fällt der Vergleich der heutigen Methoden mit denen der Vergangenheit nicht günstig aus. Und wie steht es mit den Gepflogenheiten der Polizei, diesem »Freund und Helfer« in vielen Ländern der Welt? Wie mit den Folterungen in Brasilien? Und, und, und – man könnte fortfahren, aufzuzählen.

Je mehr man über dieses Phänomen nachdenkt, um so verwirrender und unerklärlicher erscheint es. Soviel aber steht fest: wir leben in einem Zeitalter ausgesprochener Bestialität und sollten das in Jahren und an Orten scheinbarer Ruhe, Humanität und Toleranz nie vergessen. Es gilt unablässig am Werke zu sein, um aus dieser dunklen Periode endlich wieder herauszukommen.

Kehren wir zurück zu jenen verhältnismäßig humanen Kriegsgefangenenlagern in Ostsibirien im Ersten Weltkrieg. Die dort in Baracken hinter Stacheldraht wohnenden »Plennye« suchten sich die Zeit, so gut es ging, recht und schlecht zu vertreiben. Manche malten, und wir haben ihnen damals sehr gut gelungene Bilder aus dem Lagerleben abgekauft. Andere musizierten und gaben recht gute Orchesterkonzerte. Man denke und staune, sie waren in der Lage, sich die benötigten Instrumente und Noten zu verschaffen. Der Höhepunkt dieser Amateurtätigkeit war eine Aufführung der »Czardasfürstin« von Kàlman durch Gefangene des ungarischen Honved-Regimentes. Alle Frauenrollen wurden von Männern gespielt, in selbstgeschneiderten Kostümen. Sogar die Sylvia sang ein Mann mit einer herrlichen Sopranstimme. Der Effekt war verblüffend. Man hätte vermuten können, daß nach guter alter Tradition ein Leutnant eigens für diesen Zweck kastriert worden war.

Solange sich das russische Reich im Kriege mit den Mittelmächten befand, saßen die Plennye zwar hinter Stacheldraht, aber sie waren, wenn auch mehr schlecht als recht, mit dem Nötigsten versorgt. Das änderte sich schlagartig mit der Oktober-Revolution. Die russischen Wachmannschaften nahmen ihre Schießknüppel, sagten: »Zar kaputt, do swidanija«, und verschwanden um die Ecke. Und die braven Landser, die jahrelang zwar gefangengehalten, aber doch mit Brot und Kascha versorgt worden waren, sahen sich plötzlich frei, allerdings im fernsten Winkel Sibiriens und darüber hinaus vor kalten Gulaschkanonen. Gulasch war in diesen allerdings schon lange nicht mehr gekocht worden, aber nun war leider überhaupt nichts mehr drin. Nach Hause konnten sie nicht fahren, im Lager konnten sie nicht bleiben, und so verstreuten sie sich über Land und Städte, um sich irgendwie durchzuschlagen. Und von diesen Dach und Brot suchenden Existenzen fanden einige bei uns, teils im Betrieb, teils zu Hause, eine Bleibe. Die Erfahrungen, die wir mit ihnen machten, zeigten nur allzu deutlich, daß jahrelanges Lagerleben das zartere Gefühl auch des stärksten Mannes ernsthaft schädigt.

Da war zunächst ein schneidiger, ungarischer Offizier. Er sprach ein ausgezeichnetes Deutsch und war ein gebildeter Mann. Leider wurde er bald zu einer ausgesprochenen Hausplage, denn er kreuzte immer häufiger zum Abendessen auf. Das allein wäre noch zu ertragen gewesen, denn Personal und Nahrung waren vorhanden, und an die Anwesenheit von Gästen bei den Mahlzeiten war man im alten Rußland gewöhnt. Viel schlimmer war, daß er nach Tisch, wahrscheinlich aus Furcht vor seiner offensichtlich kalten und unfreundlichen Bude, oft bis spät in die Nacht sitzen blieb, ohne uns dabei durch witziges und geistreiches Gespräch die Zeit zu kürzen. Man hätte es lieber gesehen, wenn er sich nach dem Essen empfohlen hätte, aber seine gute Erziehung hinderte ihn wohl daran. Nachdem er sich also dergestalt bei uns eingenistet hatte, brachte er ziemlich regelmäßig zu allem Überfluß einen Freund mit, einen Obersten der tapferen ungarischen Wehrmacht, der, des Deutschen nur sehr beschränkt mächtig, seinen ihm gerne gegönnten Verzehr nicht einmal durch die primitivste Unterhaltung entgelten konnte und, schweigsam verdauend, auch bis nach Mitternacht hocken blieb.

Die Ungarn sind ein überaus gastfreies Volk, wovon ich mich anläßlich eines Besuches in den dreißiger Jahren überzeugen konnte. Unermüdlich waren sie im Ersinnen von Ausflügen mit meinem Wagen und von festlichen Essen, die ich bezahlte. Meine bescheidene Lebenserfahrung hat mich überhaupt langsam dahin gebracht, übertriebener Gastfreundschaft vorsichtig zu begegnen.

Aber nicht nur bezüglich der Gastfreundschaft sind die Ungarn ein erfinderisches Volk. In Budapest wohnten wir damals in einem Hotel unmittelbar an der Donau, zu dem eine enge Sackgasse hinunterführte. Fuhr man nun mit dem Wagen vor das Portal, so stand dieser auf einer Drehscheibe, kaum war man ausgestiegen, so setzte er sich, wie von Geisterhand berührt, in Bewegung, drehte sich um 180 Grad, und man konnte wieder ungehindert aus der Straße herausfahren. Zu sehen war nichts, und ich rätselte lange, wie dieser so praktische Mechanismus wohl funktionieren mochte, bis ich gegenüber dem Portal, auf der anderen Straßenseite, ein niedriges Kellerfenster entdeckte, dahinter saß ein alter Mann mit schönem weißem Bart und drehte ein Handrad, wenn er einen Wagen auf der Scheibe wahrnahm.

Ein weiterer Kriegsgefangener, der uns Kummer bereitete, war ein königlich preußischer Rittmeister. Für die ziemlich umfangreichen Transporte seines Unternehmens hatte mein Vater sich einen Pferdestall zugelegt, in dem etwa zwanzig bis dreißig Pferde mit zugehörigen Wagen versorgt wurden. Für diesen Job schien besagter Rittmeister sehr geeignet, denn von Pferden mußte er von Haus aus etwas verstehen. Hierin hatten wir uns auch keineswegs getäuscht, die Pferde gediehen bei ihm prächtig, und die Zucht unter den chinesischen Kutschern und Knechten nahm fast preußische Dimensionen an. Diese durchaus positiven Seiten seiner Tätigkeit wurden aber leider durch die Tatsache beträchtlich getrübt, daß der schneidige und gutaussehende Mann mit der Frau eines unserer besten Freunde durchbrannte. Zwar waren wir für dieses Malheur nur sehr indirekt verantwortlich, aber peinlich war die Angelegenheit doch, und wir mußten den Tüchtigen natürlich entlassen. Nachdem die Schattenseiten allzu großer Tüchtigkeit wieder einmal evident waren, sanken Roß und Mann alsbald in ihren gewohnten, gemächlichen Trott zurück.

Der dritte schließlich war unser Chauffeur. Wir hatten damals ein Auto, was zu jener Zeit und an jenem Ort durchaus etwas Besonderes war. Ich habe schon erwähnt, daß mein Vater ein sehr fortschrittlicher Mann war, der eine beachtliche Begeisterung für moderne Technik mit sehr rudimentären technischen Kenntnissen auf das glücklichste verband. Schon in Reval hatte er, noch vor dem Ersten Weltkrieg, eines der ersten dort aufkreuzenden Automobile gemietet, um damit von und zur Datsche zu fahren. Das Vehikel hieß bei uns der Kanarienvogel, seiner gelben Farbe wegen. Es hatte die Gangschaltung außenbords, seine Beleuchtung bestand aus Karbidlampen, die nach getaner Arbeit noch lange Zeit brauchten, ehe sie allmählich erloschen; viel, sehr viel schönes Messing war überall angebracht, das zu putzen eine reine Freude war, und der Höhepunkt des Ganzen war die Kurbel zum Anwerfen des Motors. Diese steckte man vorne auf die Motorachse und drehte sie mit voller Manneskraft und viel Schwung herum. Dann aber mußte man achtgeben. Sprang nämlich der Motor schließlich an, was er immerhin meistens, wenn auch keineswegs immer und sofort tat, dann mußte man höllisch aufpassen. Riß man dann nicht blitzschnell die Kurbel heraus, so fuhr sie wie tollwütig herum und zerschlug einem das Handgelenk. Autofahren war damals eben noch richtiger Sport.

Der Wagen, den wir im Fernen Osten fuhren, war allerdings schon moderner und wurde mittels der Batterie gestartet. Besagter kriegsgefangener Fahrer hatte für das Wohl dieses Wagens zu sorgen, hatte ihn zu putzen und zu pflegen. Das ging eine Weile ganz gut, dann begann es jedoch aufzufallen, daß Mann und Gefährt tagsüber eigenartig müde, abgespannt und unlustig wirkten. Und eines schönes Tages rief der Polizeichef an und teilte meinem Vater mit, daß unser Wagen bei nächtlichen Raubüberfällen erwischt worden sei, und daß man in Anbetracht guter Freundschaft annehmen würde, diese Tätigkeit sei ohne oder sogar gegen den Willen des Besitzers ausgeübt worden. Man wolle ihm das sichergestellte Fahrzeug deshalb wieder zustellen. Den Fahrer allerdings habe man dabehalten müssen und nähme auch an, daß auf seine Wiederzustellung kaum Wert gelegt würde. Für die Polizei eine erstaunlich genaue Interpretation der Wünsche ihrer Klienten!

Schließlich erlebten wir den endgültigen Abtransport der Kriegsgefangenen in ihre Heimat. Die junge Weimarer Republik hatte es möglich gemacht, einige japanische Frachtschiffe zu chartern und nach Wladiwostok zu schicken. Dort trat eine Repatriierungskommission unter dem Botschafter Solf in Aktion, um die verstreuten Söhne des stark veränderten Vaterlandes zu sammeln und auf den langen Heimweg zu schicken. Bei dieser Gelegenheit erblickten wir auch zum ersten Male die neue Flagge des Reiches, in den Farben Schwarz-Rot-Gold, die uns sehr eigenartig vorkam. Die Abschaffung der alten Reichsflagge, schwarz-weiß-rot, hat die politische Atmosphäre der zwanziger Jahre in einem Maße vergiftet, wie man sich das heute kaum noch vorstellen kann. Ich habe in meinem Leben das Kommen und Gehen von nationalen Emblemen oft genug zu spüren bekommen und erstaunt beobachten können, wie rasch sie Tradition ansetzen, wenn hinter ihnen eine überzeugte und überzeugende Kraft steht. Der mit allerhand Plaketten verzierte, mit Kronen geschmückte, mit Ketten behängte und in den Fängen diverses Regierungsgerät haltende zaristische schwarze Doppeladler war mir von Kindesbeinen an verehrungswürdiges Symbol des Reiches. Dagegen wirkte der neue Ährenkranz mit Hammer und Sichel und dem fünfeckigen Stern der Sowjetunion wie ein geschmackloser Witz. Heute, nach fünfzig Jahren, würde man es genau umgekehrt empfinden.

In diese neue schwarzrotgoldene Republik marschierten also eines Tages unsere »Plennye«. In Schritt und Tritt, mit den Restbeständen preußischen Kommisses im Herzen und am Leibe, der rangälteste Offizier vorneweg, zogen sie die Straße hinunter von ihrer Baracke zum Hafen, um sich einzuschiffen. Viele kannten wir persönlich, wir standen am Fenster und winkten, als sie vorüberkamen. Die Offiziere grüßten stramm militärisch, die Mannschaften winkten zurück, und dann verschwanden sie aus dem Blickfeld, und nicht einen von ihnen habe ich je wiedergesehen.

Die Repatriierungskommission, die natürlich auch zu uns ins Haus kam, schilderte die Verhältnisse in

Deutschland, und diese Schilderungen entwarfen ein recht dunkles Bild vom Leben im Reich. Diese Erkundigungen hatten für mich insofern Bedeutung, als ich fest entschlossen war, gegen den Wunsch meines Vaters, zu studieren. Ein Studium in Rußland war zu jener Zeit nicht möglich. Dieser Fragenkomplex wurde akut, denn im Frühjahr 1920 machte ich mein Abitur.

Von dieser im Leben so vieler Menschen schwersten Prüfung im breitesten Sinne des Wortes ist mir nicht allzuviel in Erinnerung geblieben. Lediglich an das Thema des russischen Aufsatzes erinnere ich mich noch. Es lautete mehr bündig als kurz: »Die Gestalt der russischen Frau nach dem Roman Adelsnest von Turgenjew«. Ich war damals achtzehn Jahre alt. Selbst heute, mit achtundsechzig, wäre das ein harter Brokken für mich. Leseratte, die ich mein Leben lang gewesen bin, hatte ich damals, unabhängig von der in der Schule durchgenommenen russischen Literatur, fast die gesamte klassische Romanliteratur des 19. Jahrhunderts gelesen. Heute kommen mir diese so früh erworbenen Kenntnisse sehr zustatten, denn inzwischen hat sich meine Lektüre ganz anderen Gebieten zugewandt, und so habe ich wenigstens einen kleinen Fundus an schöner Literatur, mit dem ich bei schöngeistigen Gesprächen einen geordneten Rückzug antreten kann. Russische Literatur wurde und wird (man beachte bitte diese immer wiederkehrende Gleichstellung von Vergangenheit und Gegenwart) in der Schule riesengroß geschrieben. Und das liegt an der ungewöhnlichen, ja einzigartigen Stellung des Russen zum Buch.

Der Literat ist nicht in erster Linie Künstler oder

Unterhalter, sondern der unbestrittene Führer der Nation. Von ihm verlangt man, daß er den Weg in eine bessere Zukunft weist, Irrwege aufzeigt und vor ihnen warnt, Mißstände wirkungsvoll anprangert, kurz, daß er das gute Gewissen und der Prophet des Volkes ist. Keine Olympier aus Weimar oder Schwäne vom Avon, sondern Hohepriester des Fortschritts. Die Verehrung für Puschkin trägt in Rußland fast religiöse Züge. Wenn ich heute in der Sowjetunion russisch spreche, so freut man sich, aber wenn ich an passender Stelle Puschkin zitiere, dann bin ich einer der ihren. Und Puschkin fiel 1837 im Duell, als er in einer üblen Affäre die Ehre seiner Frau verteidigte.

Damals munkelte man, daß der Duellant, ein französischer Offizier namens d'Anthes, ein Draufgänger und guter Schütze, vom Hof zu der Tat ermuntert worden war.

Daß Nation und Regierung über die Art dieser Führungsrolle des Literaten oft, ja meistens, verschiedener Ansicht waren, daß es eine Zensur gab und gibt, ist bekannt. Im übrigen ist sogar im freien England die Zensur für Theaterstücke erst in allerletzter Zeit aufgehoben worden. Daß es allenthalben noch andere, subtilere Mittel als die Zensur gibt, unliebsame Literatur zu steuern, ist kein Geheimnis. Es läßt sich nicht bestreiten, daß in Rußland heute wie damals Schriftsteller nicht alles publizieren können, was sie gerne sagen und was manche gerne hören möchten. Dahinter steckt der berühmte Satz: »Der Zweck heiligt die Mittel«, der merkwürdigerweise einen sehr schlechten Ruf genießt und doch nichts anderes ist als eine Binsenweisheit. Die klugen Jesuiten, die ihn erfunden haben, sagten damit weniger etwas Böses als etwas Banales. Denn was anders sollte die Mittel heiligen als der Zweck?

In der ganzen Welt werden bei pharmazeutischen, medizinischen und biologischen Forschungen täglich an vielen Tausenden von Mäusen, Ratten, Meerschweinchen, Kaninchen, Hunden, Katzen und Affen Versuche gemacht, die jeden Tierschutzverein auf den Plan rufen müßten und jeden Privatmann, unternähme er ähnliches, vor Gericht bringen würden. Aber da der Fortschritt der Medizin und damit Gesundheit und Glück der Menschen von dieser Tierquälerei abhängen, heiligt eben der Zweck die Mittel.

Wenn uns bei diesem Satz dennoch ein ungutes Gefühl beschleicht, so deshalb, weil zu oft der wirkliche Zweck verschwiegen oder absichtlich falsch dargestellt wird. Nicht der Satz selber, sondern sein häufiger Mißbrauch ist es, an dem wir uns stoßen. Aber eine Axt bleibt auch dann noch ein nützliches Instrument, wenn sich ihrer gelegentlich ein Mörder zweckentfremdend bedient. Es bleibt dabei: wo immer Freiheiten eingeschränkt werden, kommt man um die Frage nach dem Zweck nicht herum. Hier muß der, der diese Freiheiten beschränkt, Farbe bekennen, aber wer sie fordert auch!

Unser Abituraufsatz hatte zwar die Lisa aus Turgenjews »Adelsnest« zum Thema, die bedeutendste Frauengestalt der russischen Literatur ist jedoch die Tatjana aus Puschkins Eugen Onegin. Es ist schon oft gesagt worden, daß die tragende Kraft im russischen Volk die russische Frau ist. Ich möchte hier und heute nicht in eine um fünfzig Jahre verspätete Wiederholung meines Abituraufsatzes geraten. Im übrigen ist alles Verallgemeinern des Teufels, und vielleicht ist man gerade deshalb immer wieder versucht, es zu tun. Die russiche Frau ist, wenn auch nicht ausnahmslos, so doch häufig weder sexy, wie die lebenden Vorbilder unzähliger Covergirls, noch ist sie eine herrschsüchtige Matrone wie die amerikanische »daughter of the revolution«, sie ist keine stumme, unterwürfige Dienerin des Mannes wie die Japanerin, aber auch kein berechnendes Familienoberhaupt wie die Italienerin. Was ist sie denn?

Wenn man zuweilen nach einer durchzechten Nacht mit Freunden zusammensitzt und der Geist, aller Müdigkeit zum Trotz, jenen Zustand erreicht hat, der einen aus der Runde mit Sicherheit die Frage nach dem Sinn des Lebens stellen läßt, dann taucht vor mir das Bild der russischen Frau auf, wie ich es kennenlernte: Sie erschien und erscheint mir auch heute noch immer als das Wesen, das dem »Sinn des Lebens« am nächsten ist. Anders weiß ich es nicht zu sagen.

Sollte der eine oder andere Leser dieser Zeilen längere Zeit in Rußland verbracht haben, so wird er mich verstehen. Möge er einen Augenblick innehalten, die Augen schließen und sich einer Olja, Nadja, Ljuba oder Tanja erinnern. Es wird ihm warm ums Herz werden.

Ich habe schon angedeutet, daß meine erste Liebe der Tochter meines Direktors galt. Sie hatte knallrote Haare, die gut zu der grünen Schülerinnenuniform paßten, dunkle, etwas kurzsichtige Augen und war das, was ich heute als »kleinen Deuwel« bezeichnen würde. Ich sagte schon, daß ich sie heute alljährlich in der DDR besuche und der völlig Vereinsamten ein wenig zu helfen versuche. Eine Begegnung mit der ersten Jugendliebe nach fünfzig Jahren ist problematisch. Sie führt einem leider nicht nur die Vergänglichkeit der Dinge, sondern auch die Vergänglichkeit der Gefühle vor Augen. Niemand taucht zweimal in den gleichen Fluß.

Damals allerdings, in jener Zeit, die ich beschreibe, lagen die Dinge noch anders. Kehren wir zu ihr zurück, und zwar zunächst nicht zu den privaten Ereignissen, die allein meine Person betrafen, sondern zu den politischen Entwicklungen.

Der Bürgerkrieg mit allen seinen irrealen Hoffnungen ging seinem Ende entgegen. Die meisten Interventionstruppen hatten das Land verlassen, in dem sie wenig Ruhm geerntet hatten. Die Hauptdarsteller des sibirischen Dramas, die Tschechen, waren nach Hause gefahren, eine Menge schlechter Erinnerungen, unehelicher Kinder und versetzter Bräute zurücklassend. Die Kontingente des Atamans Semjonow hatten sich teils verkrümelt, teils in die Mandschurei abgesetzt. Mein Landsmann Ungern-Sternberg machte sich in der Mongolei einen etwas zwielichtig glänzenden Namen. Es blieben zunächst nur die Japaner, die sich wohl noch immer Hoffnung auf bleibenden Besitz machten. Aus Furcht, zu allem Überfluß auch noch zu guter Letzt mit dem Reich der aufgehenden Sonne in einen Krieg verwickelt zu werden, etablierten die Sowjets im Fernen Osten eine gemäßigte Regierung, die zwischen den Parteien vermitteln konnte und die als »Fernöstliche Republik« firmierte. Wie so manche andere politische

Souveränität fristet auch sie heute im wesentlichen eine philatelistische Existenz in den Markenkatalogen. Richtig und mit Verständnis gelesen ist der »Michel-Markenkatalog« ein faszinierendes Kompendium der Geschichte der letzten 130 Jahre.

Über den Bürgerkrieg ist hüben und drüben eine erdrückende Menge geschrieben worden. Aus sozialistischer Sicht war es der siegreiche, opfervolle Kampf des Proletariats und der armen Bauern gegen die zaristischen weißen Banden der Gutsbesitzer, Offiziere und Großbauern und gegen die ausländische, imperialistische Intervention. Aus weißrussischer Sicht war es der heroische und tragische Versuch, dem bolschewistischen »Untermenschentum« und seinem Versuch, alle höheren Werte zu vernichten, in letzter Stunde und mit letzter Kraft entgegenzutreten. »Die Weltgeschichte ist das Weltgericht«, sagt Schiller, und das Urteil dieses Gerichts liegt längst vor. Und selbst der Revisionsprozeß in zweiter Instanz, der Angriff auf das bolschewistische Rußland im Zweiten Weltkrieg, hatte kein besseres Ergebnis. Im Gegenteil, man hätte wohl besser nicht in die Revision gehen sollen.

Ich selber bin ein sehr jugendlicher Zeuge dieses Prozesses gewesen, aber immerhin ein Zeuge. Was habe ich heute dazu zu sagen?

Liest man die zahllosen Schriften der direkten und indirekten weißrussischen Teilnehmer an diesen blutigen Ereignissen, so fällt einem die Selbstverständlichkeit auf, mit der sie den russischen Patriotismus für sich in Anspruch nehmen. Das war bestimmt keine Verstellung, keine bewußte Heuchelei, sie glaubten es ehrlich. Für sie waren Zar, Doppeladler, die weiß-blau-roten Farben und die orthodoxe Kirche unbestreitbare Werte, Symbole alles Guten und Edlen, gegen die aufzutreten Verrat an den heiligsten Gütern der Nation war.

Daß alle diese Dinge zugleich Garanten eines sehr breiten und gesicherten Lebensstiles und daß die irdischen Güter sehr ungleichmäßig verteilt waren, nahm man als selbstverständlich hin, ohne sich die innere Ruhe durch unnötige Fragen rauben zu lassen. Was dieser Schicht nützlich war, war auch dem Reich nützlich und umgekehrt, hier herrschte volle Übereinstimmung der Interessen. Daß ihr Kampf um die ihr heiligen Werte im Bürgerkrieg der eigentliche »Verrat an der Nation war«, auf diesen Gedanken wäre sie nie gekommen. Denn erstens verstand sie nicht die Summe aller Einwohner des großen Landes als »Nation«, sondern mehr oder weniger nur ihresgleichen. Und zweitens verschloß sie die Augen vor den erbärmlichen Verhältnissen, unter denen das »Volk« lebte. Mindestens seit dem Russisch-Japanischen Krieg 1904/05 und bis zur Oktober-Revolution 1917 waren die Unfähigkeit, die Korruption, die Schlamperei und die erschreckende Rückständigkeit des Landes offenkundig. Wer nicht nur die glänzende, faszinierende, hochgebildete und breitausladende Oberschicht liebte, sondern das ganze, millionenstarke Volk und sein Schicksal, der durfte dem längst überfälligen Prozeß der Erneuerung nicht in den Rücken fallen, wollte er nicht de facto, wenn auch zunächst nicht de jure, zum Landesverräter werden. Ich bin damals ein Kind gewesen und brauchte mich nicht zu entscheiden. Wäre ich älter gewesen und hätte mich entscheiden müssen, ich hätte mich mit großer Wahrscheinlichkeit falsch entschieden. Den Satz »Jeder denkende Mensch ist in der Jugend Sozialist gewesen« kann ich nicht unterschreiben. Viel eher erscheint mir der Satz gerechtfertigt: »Jeder denkende Mensch wird im Alter Sozialist«.

In jenen Jahren ergoß sich die russische Emigration über die Landesgrenzen. Heute, fünfzig Jahre später, ist diese Emigration von ihren Zufluchtsländern praktisch aufgesogen. Französisch, Deutsch, Englisch sind heute ihre Muttersprachen, und ihr Russisch, wenn überhaupt noch vorhanden, klingt in den Ohren eines sowjetischen Zeitgenossen recht eigentümlich.

Mit das Schönste in meinen Augen über die Emigration als solche hat Ilja Ehrenburg in seinem Roman »Tauwetter« gesagt. Dort kommt die Tochter eines russischen Emigranten nach dem letzten Krieg nach Moskau und gerät in helle Begeisterung, sich als Russin unter Russen in Rußland tummeln zu können. Dabei begegnet sie einer merkwürdigen Kühle und Distanz seitens der Sowjetbürger. »Ich begreife nicht«, sagte sie, »warum ihr mich immer als Fremde behandelt. Ich habe nie gegen euch gekämpft, ich bin als Tochter russischer Eltern geboren, ich fühle mich als Russin, aber ihr wollt mich nicht als solche gelten lassen.« Und da antwortet ihr ein alter Mann: »Mein liebes Kind, Russe ist nicht, wer russische Eltern hat, Russe ist, wer all das unendliche Leid mit uns geteilt hat.«

Die meisten meiner Generation haben in diesen unruhigen Zeiten viel Schweres durchgemacht. Es kommt aber für das Gefühl nationaler Zusammengehörigkeit nicht so sehr darauf an, was man erlebt, als vor allem, mit wem man es erlebt hat. Emigranten, die heute die Sowjetunion bereisen, haben ungeachtet ihrer eigenen Erlebnisse eben nicht in Leningrad mitgehungert, in Stalingrad gekämpft oder Angehörige durch die deutsche Okkupation verloren. In Leningrad liegen auf einem großen Friedhof 600 000 Opfer der Belagerung, Zivilisten und Militär, die durch Hunger, Kälte und Beschuß ums Leben gekommen sind. Wie soll ein Emigrant, der heute als Tourist aus Frankreich oder den Staaten angereist kommt, mit den Überlebenden eine gemeinsame Sprache finden? Er mag russisch sprechen so vollkommen, wie er will, das gemeinsame Idiom kann den Graben so verschiedener Erlebnisse nie und nimmer überbrücken. Damit soll nicht gesagt sein, daß die Menschen in der Emigration etwa nicht gelitten haben. Gelitten haben alle, und Leid gegeneinander aufzuwiegen ist sinnlos, es entzieht sich quantitativer Bestimmung. Aber es besteht kein Zweifel, daß Zusammengehörigkeitsgefühl viel eher aus gemeinsam durchlebter Not entsteht als aus gemeinsamem Glück. Man denke an die unendlichen Gespräche unter Kriegsteilnehmern, die den Nichtkombattanten aus diesem Orden kampferprobter Männer ohne Rücksicht ausschließen. Sogar in der Bevölkerung der DDR hat die gemeinsam durchlebte harte Zeit eine Gemeinsamkeit entstehen lassen, die den Westdeutschen ausschließt. Ubi bene, ibi patria? Nein, ubi socii malorum, ibi patria! Eines der vielen, weiten »Briestschen Felder«!

Kurz nach der Etablierung der selbständigen estnischen Republik, die unter englisch-französischem

Schutz sich aus dem Verband des russischen Reiches gelöst hatte, erwarb mein Vater als Bürger der Stadt Reval, nicht etwa als Este, für sich und seine Familie die estnische Staatsangehörigkeit.

Ein befreundeter Arzt estnischer Herkunft, der die Pasteur-Station für Tollwutimpfungen in Wladiwostok leitete, etablierte sich ziemlich eigenmächtig als estnischer Generalkonsul. Er ließ schöne Stempel anfertigen, bestellte Vordrucke, alles nach eigenen Entwürfen, da keinerlei Verbindung mit dem Mutterlande bestand und die frischgebackenen, des Regierens noch ungewohnten Herren dortselbst ganz andere Sorgen hatten, als sich um einen Konsul im Fernen Osten zu kümmern. Als damals in Reval, nunmehr in Tallinn umgetauft, die Frage nach dem neuen Staatsemblem auftauchte, beschloß man, das alte, dänische Wappen der Stadt mit den drei übereinanderstehenden Leoparden zu nehmen. Im jugendfrischen Parlament monierte aber einer der Abgeordneten diesen Entschluß mit der Begründung, daß Leoparden doch in Estland nicht vorkämen. Darauf erwiderte das neue Staatsoberhaupt, der Staatsälteste Paetz: »Ejnhejmische Diere, scheen und jut. Viellejcht drej Ejchkätzchen, umgeben von Nüssen?« Im übrigen gibt es auch in Dänemark keine Leoparden.

Diesen phantasievollen Pässen gegenüber waren die Alliierten, für die sie in erster Linie gedacht waren, in einer peinlichen Lage. Einesteils hatten sie die Randstaaten selber aus der Taufe gehoben und als westlich-demokratisch-kapitalistische Einrahmung der bösen Sowjetunion installiert. Andererseits mißtrauten sie den über Nacht und unkontrollierbar plötzlich zu

Esten, Letten und Litauern gewordenen früheren russischen Staatsbürgern. Es ist das alte Lied: Vor den eigenen Kreaturen hat man wenig Respekt.

Mit meinen diversen Pässen ist es mir überhaupt etwas eigenartig ergangen. Meine erste, zaristische Staatsangehörigkeit erlosch, als es keinen Zaren mehr gab. Die neue estnische wechselte ich 1925 gegen die preußische ein, aber auch Preußen folgte bald der estnischen Republik auf den Richtplatz der Geschichte. Am längsten besitze ich nun, wenn auch gelegentlich nicht ganz unangefochten, einen Paß der Bundesrepublik Deutschland. Aber auch die ist, laut Grundgesetz, ein Provisorium. Die wohlige Sicherheit eines Untertans Ihrer Majestät, der Königin Elisabeth II. von Großbritannien und den überseeischen Besitzungen, habe ich leider nie kennengelernt.

Soviel stellte sich jedenfalls damals alsbald heraus, daß dieser neue estnische Paß die in ihn gesetzten Hoffnungen nur sehr ungenügend erfüllte. Ich hatte mich nämlich entschlossen, an der kanadischen Universität zu Montreal zu studieren, und dieser etwas ungewöhnliche Entschluß war folgendermaßen zustande gekommen:

Unter den zahlreichen Ausländern, die bei uns im Hause verkehrten, waren auch ein Oberst und ein Major der kanadischen Interventionstruppen, von denen der erstere eine sehr schöne Baritonstimme hatte und es liebte, von meiner Schwester am Klavier begleitet, englische Balladen mit viel Gefühl vorzutragen. Und da das Essen bei uns gut russisch, die Wohnung zivilisiert westlich und das Gespräch einwandfrei englisch war, kamen die beiden recht häufig.

Konnte man ihren Worten glauben, so verfügten beide über recht gute Beziehungen in ihrer Heimat, und sie waren es, die mir rieten, in Montreal an der McGill-University zu studieren. Sie versorgten mich mit viel Material über Land und Leute und, als ich schließlich bereit war, ihren Ratschlägen zu folgen, auch mit recht gewichtigen Empfehlungsbriefen. So sollte ich denn nach bestandenem Abitur im Frühsommer 1920 zunächst allein nach Kanada reisen, zu welchem Unternehmen alle Vorbereitungen getroffen wurden. Sehr wohl war mir bei diesem Plan allerdings nicht. Durch ungehemmte Abenteuerlust habe ich mich nie ausgezeichnet, sondern immer in erster Linie die Möglichkeiten für einen geordneten Rückzug im Auge behalten. Und dieser Rückzug wurde mir dann auch in diesem Falle ohne mein eigenes Zutun, früher als gedacht, ermöglicht. Als alle Koffer gepackt, die Schiffskarten gekauft, der Tag bestimmt und besagter estnischer Paß mit schönen japanischen und kanadischen Stempeln versehen war, meldete sich plötzlich der Konsul Seiner Majestät König Georgs V. und kassierte meine Reise. Ohne Angabe von Gründen, ohne auf die Proteste besagter Offiziere zu hören, sagte er schlicht und einfach: »Sorry!« Und damit war mein Schicksal entschieden.

Viele, viele Jahre später wurde meinem Vater von den Engländern der Brief ausgehändigt, der über den Secret Service ihn überallhin begleitete und als Deutschen mit russich-estnischem Paß auswies, der in Anbetracht dieser etwas verwickelten Verhältnisse vorsichtig zu überwachen sei. Dem treuherzigen Augenaufschlag, mit dem immer wieder und überall versichert wird, daß ein freier Bürger in einem freien Lande sich frei bewegen kann, ohne daß irgend jemand ihn beobachtet, habe ich schon in früher Jugend zu mißtrauen gelernt. Es gibt mehr als genug schöne Namen für das, was seinem Wesen nach eine geheime Staatspolizei ist, und sollte es in der weiten, großen Welt, in Ost oder West, ein Land geben, das über keine solche Institution verfügt, so hat mich mein Weg leider noch nie dorthin geführt.

Allerdings kann man dazu nur leicht variiert mit Abraham Lincoln sagen: »You may watch all the people some of the time; you can even watch some of the people all the time, but you can't watch all the people all the time.« Es ist eine Frage persönlicher Einstellung, ob man stolz darauf ist, zur zweiten Kategorie zu gehören. Auf jeden Fall befindet man sich dort oft in recht guter Gesellschaft. Hüben und drüben.

Jedenfalls mußten nun die Pläne geändert werden. Zunächst wurde beschlossen, daß ich in Berlin studieren sollte, wofür neben anderen Gründen auch sprach, daß eine verheiratete Schwester meiner Mutter dort lebte. So kam es, daß ich Deutscher blieb oder wurde, je nach Einstellung, und nicht Kanadier, die, wie man sagt, Europas übertünchte Höflichkeit nicht kennen sollen. Was die übertünchte Höflichkeit angeht, ist unerklärlicherweise etwas Kanadisches bei mir hängengeblieben. Hätte ein britischer Honorarkonsul im fernen Wladiwostok, weiß Gott ein sehr kleines Kirchenlicht, damals besser gefrühstückt, so wäre mein gesamtes Leben grundsätzlich anders verlaufen. Heute wäre ich ein ganz anderer Mensch, mit anderen Erfahrungen, anderer Einstellung und anderen Hoffnungen, würde andere Sprachen sprechen, hätte andere Landschaften kennengelernt. Grund genug, sich über die erstaunlichen Möglichkeiten von kleinen Ursachen mit großen Wirkungen im Menschenleben so seine Gedanken zu machen. Es scheint doch nicht so weit her zu sein mit »dem Gesetz, nach dem du angetreten ...«, ein schlechtes Ei auf dem Frühstückstisch eines Konsuls genügt, um die Weichen anders zu stellen.

Es wurde also beschlossen, mit der ganzen Familie über Japan und Amerika nach Europa zu reisen. Die Pläne für diese Reise sahen folgendes vor: Zunächst wollte mein Vater in New York eine finanzielle Angelegenheit regeln. Diese Regelung sah dann schließlich so aus, daß er keinen Cent bekam und daß sich die National City Bank ins Fäustchen oder, besser gesagt, in die Faust lachte. Meine Schwester sollte in New York bleiben und dort arbeiten, wobei sie glaubte, daß jener mittlerweile heimgekehrte amerikanische Marineoffizier, von dem schon die Rede war, sich an sein früheres Interesse erinnern würde. Leider wurde die herbe Enttäuschung meines Vaters zugleich das Grab ihrer Hoffnung. Man hatte plötzlich keine ernsteren Absichten mehr. Und alle noch so hilfreichen Hände konnten sie nunmehr nicht mehr zum Bleiben bewegen. Neben einem gescheiterten Kanadier hatten wir also nun auch noch eine gescheiterte Amerikanerin in der Familie.

Mein Vater hatte vor, nach einem kurzen Aufenthalt in Europa in den Fernen Osten zurückzukehren, um sein Unternehmen weiterzuführen. Das gelang ihm auch, aber nur, um kurz darauf alles den Bolschewisten hinterlassen und sich schleunigst aus dem

Staube machen zu müssen. Schon lange bevor Brecht seine profunden Gedanken über das Plänemachen zu Papier gebracht hat, war das Phänomen selber gut bekannt.

Soviel jedoch war klar, für mich bedeutete der Abschied von Wladiwostok mit allergrößter Wahrscheinlichkeit einen Abschied für immer. Aber selbst das habe ich damals nicht gesehen. Bevor ich fuhr, nahm ich mein geliebtes Fahrrad in alle Einzelteile auseinander, kein Schräubchen blieb mehr an seiner Stelle, tat alles in eine große Kiste und verstaute sie auf dem Speicher. Ich wollte nicht, daß ein Fremder mein geliebtes Gefährt, dem ich die schönsten Stunden meines damaligen Lebens verdankte, benutzte, und hoffte, es eines Tages wieder zusammensetzen zu können zu neuen Taten und Freuden. Es steht zu vermuten, daß ein findiger Bolschewist es bald darauf wieder zusammenmontiert, seine Freude daran gefunden und nach dem ersten Besitzer nicht viel gefragt hat. Heute ist es wohl längst auf die ewigen Radfahrwege hinübergewechselt.

Der Termin unserer Abreise rückte immer näher. In Anbetracht der zu erwartenden Erlebnisse hielt sich die damit verbundene Melancholie in erträglichen Grenzen, denn ich wußte ja nicht, daß es Abschied für immer war. So durchstreifte ich die sommerliche Gegend mit der wohligen, doch leichten Traurigkeit, die man bei einer längeren, doch aller Voraussicht nach vorübergehenden Trennung empfindet. Zwar war ich im zarten Alter von drei Jahren in den Niederlanden gewesen, doch im übrigen hatte ich mein bisheriges bewußtes Leben in Rußland und zum Teil in Japan verbracht, also außerhalb dessen, was man im allgemeinen als westlichen Kulturkreis bezeichnet.

Ihm begegnete ich zum ersten Male, als das stolze Passagierschiff »Empress of Asia« im kanadischen Hafen von Vancouver festmachte. Damals standen einige halbwüchsige, im Fernen Osten aufgewachsene Engländer an der Reling und schauten auf den Kai hinunter. Und da sahen sie, daß sich gutangezogene, weiße Männer mit schweren Kisten zu schaffen machten. Und ich hörte, wie einer sagte: »Daddy, what are these gentlemen doing? Why don't they call their kulis?«

Gehört Rußland zur westlichen Kultur, ja oder nein? Um mit Heine zu sprechen: »Das ist eine alte Frage, doch bleibt sie ewig neu.« Die Russen selber haben sie im Laufe der Zeit sehr unterschiedlich beantwortet. Die Slawophilen aller Schattierungen haben die Frage verneint, die Reformer von Peter dem Großen bis hin zu Lenin emphatisch bejaht. Daß Japan und China nicht zum westlichen Kulturkreis gehören, ist jedermann klar, und daß Nord- und Südamerika und Australien als europäische Siedlungsräume zur westlichen Welt gerechnet werden müssen, steht außer Zweifel. Wie aber steht es mit dem Riesenlande zwischen Ostsee und Stillem Ozean?

Damals, als ich in Vancouver an Land ging, war ich 18 Jahre alt, und ich hatte durchaus das Gefühl, in eine neue Welt zu kommen, die sich in allem von der, die ich kannte, grundsätzlich unterschied. Aber worin bestand dieser Unterschied?

Neben der Andersartigkeit der äußerlichen Dinge,

auf die ich noch zurückkomme, bestand der Hauptunterschied in dem ungewohnten Gefühl stabilisierter Sicherheit. Die Stabilität der politischen Verhältnisse in Rußland glich immer, genau genommen, solange das Zaren-Reich bestand, der einer trügerischen, dünnen Eisdecke über gefährlich tiefen Wassern. Oft hielt sie lange Perioden, aber immer hörte man irgendwo ein alarmierendes Knistern und Knacken. Nie war man ganz sicher. Gefährdet war die riesengroße, breite Masse des Volkes. Mißernten mit folgenden Hungersnöten waren häufig. Kein westeuropäisches Land kannte sie mehr seit langer Zeit. Die letzte hatte es in der Mitte des vorigen Jahrhunderts in Irland gegeben, und das war weit weg, ganz am Rande des Kontinents und lange her. In Deutschland, Frankreich, England, Holland, Belgien und der Schweiz rechnete jedermann damit, zeitlebens genügend Brot zur Ernährung zu haben. Nicht so in Rußland. Eine Mißernte war eine reale Gefahr, die jederzeit wie ein Blitz aus heiterem Himmel zuschlagen konnte.

Mit den jährlich im Spätsommer auftretenden Choleraepidemien rechnete jedermann. Tschaikowski ist 1893 an der Cholera gestorben. War es mal wieder soweit, dann durften wir Kinder kein Obst essen, das nicht sorgfältig desinfiziert worden war. Irgendwelche Epidemien herrschten immer irgendwo. In Wladiwostok hatten wir es mit der mandschurischen Lungenpest zu tun, einer sehr ansteckenden und fast immer tödlichen Krankheit. Sie trat im Winter auf, wenn der Nordwestmonsun kaltes und trockenes Wetter brachte und erlosch mit dem Monsunwechsel im Frühjahr. Auch aus diesem Grunde wurde das Ende des

Winters mit Erleichterung begrüßt. Durch diese heimtückische Krankheit verloren wir unseren chinesischen Matrosen. Eines Morgens meldete sich niemand auf Anruf an Bord, und als mein Vater mit einem anderen Beiboot zur Yacht fuhr, fand er ihn tot in seiner Koje. Abgesehen davon, daß uns der Verlust eines uns vertrauten Mannes, der treu und brav seinen Dienst getan hatte, sehr traf, mußten wir nun auch noch Angst haben vor Ansteckung. Als in den dreißiger Jahren die Japaner die Mandschurei besetzten, liefen sie den ganzen Winter mit Atemschutzmasken herum. Wir hatten damals ohne solche Schutzmasken fertig werden müssen.

Dieses Gefühl fehlender Sicherheit sollte man nicht unter dem Blickwinkel eines Deutschen betrachten, der im Ersten Weltkrieg etwas und im Zweiten ein gerüttelt Maß dessen zu spüren bekam, wovon hier die Rede ist, sondern eines Amerikaners, Kanadiers, Australiers, Schweden, Schweizers, Franzosen, Engländers und Holländers in gradueller Abstufung.

Ausschlaggebend für das immerwährende Gefühl der Unsicherheit aber waren vor allem die ungesunden sozialen Verhältnisse des Landes. Man lebte wie in einem Erdbebengebiet, stets gewärtig, daß der Boden ins Schwanken geriet und einem plötzlich die Decke über dem Kopf zusammenstürzte. Das galt für alle, nicht nur für die immer attentatsgefährdeten Zaren. Ermordet wurde Zar Peter III. unter Beihilfe seiner Frau, der deutschen Prinzessin von Anhalt-Zerbst, der späteren Kaiserin Katharina II. Ermordet wurde auch ihr Sohn Paul I. unter Mitwissen seines eigenen Sohnes, Alexander I. Ermordet wurde Zar Alexander II.

Die endlose Reihe von Anschlägen auf gekrönte Häupter sind das spektakulärste Spiegelbild der ewigen Unruhe im Rußland jener Tage, aber durchaus nicht das wichtigste. »Edle Räuber«, Anwälte der Elenden und Unterdrückten und Feinde der Reichen, im Stil eines Robin Hood fanden stets Anhänger. Stenka Rasin war nicht nur gefeierter Gegenstand eines gefühlvollen, auch in Deutschland beliebten Liedes, sondern ein wirklicher Aufrührer, der brennend und raubend der Gerechtigkeit zum Siege verhelfen wollte. Pugatschew inszenierte einen Bauernaufstand, der erst nach Jahren unterdrückt werden konnte. Irgend jemand saß immer in Sibirien in der Verbannung, Adlige so gut wie Bürger und Bauern. So hart und unberechenbar wie das Klima, so hart und unberechenbar war auch das Schicksal.

In Europa hatte sich spätestens seit der Französischen Revolution eine breite Mittelschicht zwischen die Extreme »oben« und »unten« geschoben. An den beiden Trennschichten fand, um chemisch zu sprechen, eine lebhafte Diffusion statt, wodurch ziemlich breite Übergänge entstanden. Dadurch war das Gefüge recht stabil geworden und zeigte bis 1918 überhaupt keine Anzeichen einer revolutionären Umschichtung und hinterher, mindestens im Westen des Kontinents, nur sehr geringfügige.

Ganz anders war es dagegen in Rußland. Hier lag eine hauchdünne Oberschicht auf einer Riesenmasse von armen und ärmsten Bauern und einem jämmerlichen städtischen Proletariat, ohne daß es nennenswerte Übergänge gab. Dieser Aufbau mußte seinem ganzen Wesen nach instabil sein und zu andauernden

Unruhen führen. Es begann mit dem Dezember-Aufstand 1825 und setzte sich in verschiedenen Formen mit verschiedener Intensität bis zur Oktober-Revolution fort. Während westliche Monarchen ein ziemlich unbekümmertes Leben führten, waren ihre russischen Kollegen nie sicher, ob sie den nächsten Tag noch erleben würden. Diese Unsicherheit übertrug sich auch auf die gesamte Oberschicht. Nicht daß diese Oberschicht ausschließlich aus verantwortungslosen Dummköpfen bestanden hätte, die nach dem Schema »après nous le déluge« die Hände in den Schoß legten und ergeben auf den unausbleiblichen Sturm warteten. Es waren sehr kluge und weitsichtige Männer darunter.

Im großen ganzen glich die russische Aristokratie in nichts der französischen aus der Zeit vor der Revolution von 1789. Sie lebte meist bescheiden, war hochgebildet und hatte sehr oft ein waches soziales Empfinden. Klassendünkel galt als Zeichen schlechter Erziehung, und rein zahlenmäßig war diese Oberschicht so dünn, daß sie von der riesigen Menge des Volkes eigentlich hätte ziemlich leicht getragen werden können. Was aber alle Versuche zur Stabilisierung zum Scheitern verurteilte und schließlich in gerader Linie zum Sowjetsystem führte, war das Fehlen eines Mittelstandes. Als man das erkannt hatte, und geradezu hektische Anstrengungen unternahm, einen solchen zu schaffen, war es zu spät, und die Entwicklung wurde endgültig von der revolutionären Welle überrollt.

Die Ursachen zu untersuchen, die zu dieser Polarisierung geführt haben, würden den Rahmen dieser Betrachtungen sprengen. So viel muß aber noch gesagt werden: die Bezeichnung »Kleinbürger« ist im Deutschen ganz gewiß kein »Epitheton ornans«, der entsprechende russische Ausdruck ist jedoch ein ausgesprochenes Schimpfwort. Im alten Rußland wurde der Stand im Paß und in den Registern angeführt und spielte eine erhebliche Rolle. Niemand war besonders stolz, wenn in seinen Papieren Kaufmann oder »Kleinbürger« stand. Der einheitliche Begriff »Bürger«, »Graschdanin«, ist erst nach der Oktober-Revolution eingeführt worden.

So betrachtet, ergibt sich das paradoxe Bild, daß Rußland zwar im 18. Jahrhundert noch unbestritten zum europäischen Kulturkreis gehörte, im 19. aber nicht mehr, da es nämlich die nach der Französischen Revolution entstandenen grundsätzlichen Veränderungen nicht mitgemacht hatte. Die Leibeigenschaft wurde bekanntlich erst im Jahre 1861 abgeschafft. Betrachtet man die Fortschritte, die die übrige Welt inzwischen auf sozialem Gebiet gemacht hat, so scheint heute manchmal die Frage berechtigt, ob das damals so rückständige Rußland nicht mittlerweile manches fortschrittsbeflissene Land überholt hat.

Nicht nur die sozialen Zustände im damaligen zaristischen Rußland unterschieden sich von denen im übrigen Europa, sondern auch die rein äußeren Aspekte waren völlig anders als in anderen Ländern. Die Ursachen hierfür lassen sich verhältnismäßig leicht ermitteln.

Vieles war klimabedingt. Sehr warme Kleidung für den harten und langen Winter war notwendig. Und da die breite Masse des Volkes sich keine teuren Pelze leisten konnte, trug sie den sogenannten »Tulup«, einen gegerbten Schafpelz, das Fell nach innen, das gegerbte Leder nach außen. In geschlossenen Räumen waren diese Pelze für empfindsamere Nasen alles andere als erfreulich. An den Füßen trug man im Winter »Walenki«, gewalkte Filzstiefel, die auf dem trokkenen Schnee keine Sohlen benötigten und schön warm waren. Im Sommer lief der Bauer barfuß oder benutzte »Lapti«, aus Rinde gearbeitete Schuhe, denn Leder war teuer, und der Besitz von Stiefeln war ein Zeichen des Wohlstandes.

Das Fehlen von gewachsenem Stein über Tausende von Kilometern führte dazu, daß man hauptsächlich in Holzhäusern wohnte. Da es damals auf dem Lande noch kein elektrisches Licht gab, sondern die Beleuchtung durch verschiedenartige Flammen erfolgte, durch Kienspäne, Ölfunzeln und Petroleumlampen, nicht zu vergessen das »ewige Licht« vor den Heiligenbildern, den Ikonen, im sogenannten »schönen Winkel« der Stube, waren diese Gebäude außerordentlich feuergefährdet, was ständig eine zusätzliche Unsicherheit ins Leben brachte. Kleine oder größere Brände waren an der Tagesordnung und setzten dem Bestreben nach aufwendiger Inneneinrichtung ziemlich enge Grenzen. Wo wir »kleine Ursachen, große Wirkungen« sagen, sagen die Russen »Durch ein Talglicht ist ganz Moskau abgebrannt« und spielen damit auf den historischen Brand der Stadt im Jahre 1812 an, bei dem neben vielem anderen auch die Urschrift des ältesten russischen literarischen Werkes, des Igor-Liedes, verbrannt ist. Übrigens hatte auch ich Gelegenheit, dieses Kapitel aus nächster Nähe zu studieren. Als in den Revolutionswirren in unserer Stadt die Feuerwehr nicht mehr funktionierte, wurde ich mit anderen Schülern als freiwilliger Pompier ausgebildet und habe neben anderen Bränden auch ein brennendes Munitionslager löschen helfen, was eine einigermaßen aufregende Beschäftigung war.

Der völlige Mangel an Stein hatte noch eine andere Folge: Das Wegenetz war eigentlich nur im Winter, nämlich als Schlittenbahn, gut benutzbar, im Sommer dagegen waren die Wege schlecht und staubig und im Frühjahr und Herbst, in der sogenannten Rasputiza, verwandelten sie sich in Schlammpisten und waren kaum zu befahren. Auf diesem Gebiet haben deutsche Soldaten unfreiwillig ziemlich umfangreiche Erfahrungen gesammelt.

Auch andere Verkehrswege wurden durch die extremen klimatischen Verhältnisse beeinflußt. Während auf dem Rhein Sommer wie Winter ein starker Verkehr im Gange ist, frieren die russischen Flüsse für viele Monate zu, was große Lagerhaltung erforderlich macht und eine schlechte Ausnützung der Binnenflotte mit sich bringt.

Wasserleitungen und Kanalisationen müssen, um im Winter nicht einzufrieren, sehr viel tiefer, als wir es gewohnt sind, verlegt werden, was zusätzlichen Aufwand bedeutet. Ungeheizte Schlafzimmer oder etwa gute Stuben, die nur gelegentlich geheizt wurden, gab es nirgends. Alle Fenster hatten Doppelrahmen. Im Sommer wurden die inneren Rahmen herausgenommen, im Herbst wieder eingesetzt, und alle Fugen fein säuberlich mit weißen Papierstreifen überklebt. Zur Lüftung diente oben eine kleine Klappe, »Fortotschka«

genannt. Zwischen die Rahmen wurde auf das Fensterbrett ein Wulst aus Watte, in weißen Baumwollstoff gewickelt, gelegt und darauf häufig ein kleines Stilleben aus weißgrauem isländischem Moos arrangiert. Im allergrößten Teil des Landes lassen sich Rosen im Freien nicht halten, sie erfrieren unweigerlich im Winter. Die Rose ist in der Vorstellung des Russen eine Blume des Südens.

Wir sind in Westeuropa gewohnt, ein breitgefächertes Angebot von Dienstleistungsgewerbe und Konsumgüterangebot vorzufinden. Suche ich in London, Paris, Rom, Amsterdam oder Zürich ein Hotel, so habe ich die Auswahl zwischen ausgesprochenen Luxushäusern über eine abgestufte Skala abwärts bis zu einfachsten Herbergen, aus der ich, meinem Geldbeutel und meinen Gewohnheiten entsprechend, wählen kann. Das gleiche gilt für Restaurationen: Ich kann mich im Schlemmerlokal für teures Geld als Gourmet betätigen oder ein sogenanntes gutbürgerliches Haus aufsuchen, wo es für einen vernünftigen Preis ein gutes Essen in sauberer Umgebung gibt. Unsere Städte haben zwischen den teuren Luxusvierteln und den ausgesprochenen Slums eine breite Abstufung von Wohngegenden, auf die sich die Einwohner verteilen, wobei die Mitte zahlenmäßig weit überwiegt.

Heute sind wir gewohnt, das Fehlen der Mitte als typisches Zeichen für ein sogenanntes Entwicklungsland zu betrachten, und in diesem Sinne war das Rußland meiner Kindheit ein ausgesprochenes Entwicklungsland. Entgegen den Prognosen von Marx, der die revolutionäre Entwicklung als eine Funktion des anwachsenden Proletariats sah, hat sich gezeigt, daß das

Fehlen eines breiten Mittelstandes ein weit entscheidenderes Element des Umsturzes ist. Insofern war es, wie wir heute wissen, nur logisch, daß sich die erste erfolgreiche sozialistische Revolution gerade in Rußland ereignete. Seit der Oktober-Revolution hat es nirgendwo eine erfolgreiche Konterrevolution gegeben; ich vermute, weil sozialistische Länder nach ganz kurzer Zeit sozusagen nur noch aus Mittelstand bestehen. Zwar könnte man den berühmten Ausspruch aus »Animal farm« dahin variieren, daß alle Bürger der Mittelschicht angehören, aber einige etwas »mittlerer« sind als die anderen. Letzten Endes jedoch besagt Orwells geistreiche Formulierung aber doch nur, daß keine wirkliche Polarisierung stattgefunden hat.

Wenn unsere versierten und durch viel Demoskopie gewitzten Politiker sich lautstark für Sicherheit und Ordnung einsetzen, so sollten sie bedenken, daß nicht so sehr die absolute Höhe des Wohlstandes entscheidend ist als die Vermeidung einer Polarisierung.

Dieser Status eines Entwicklungslandes prägte das äußere Bild des alten Rußland. Solange man in der Lage war, sich innerhalb der Sphäre der Oberschicht zu bewegen, waren Wohnkultur, Bildung, Kleidung, Nahrung, Warenangebot, kurz der gesamte Lebenszuschnitt durchaus europäisch. Zehn Schritte weiter, außerhalb dieser Inseln, herrschten Primitivität und Rückständigkeit. Unsere schöne Stadt Wladiwostok, die damals schätzungsweise etwa 60 000 Einwohner zählte, hatte *ein* Hotel, »Das Goldene Horn«, in dem man wohnen konnte, in den übrigen Gasthäusern wurde man von Wanzen aufgefressen, es gab *ein* gutes Restaurant, der Rest waren Speisestuben, die jeder

Pflege und jedes Komforts entbehrten. Es gab *eine* gepflasterte Straße, der Rest waren Wege, die bei entsprechendem Wetter völlig unpassierbar wurden. So unglaublich es klingt, ich habe tatsächlich einmal ein dreijähriges Kind vor dem Ertrinken auf oder besser in einer solchen Straße gerettet. Es hätte sich ohne meine Hilfe aus dem tiefen, halbflüssigen und zähen Schlamm nicht befreien können.

Ob ursächlich oder nicht, tatsächlich und historisch gesehen hat der Marxismus das russische Reich aus diesem Zustand eines Entwicklungslandes herausgeführt, und wer die Sowjetunion von heute beurteilen will, muß den Stolz seiner Bürger auf diese Leistung in Rechnung stellen, sonst wird er mit seinen Schlüssen völlig danebengreifen. Ich wiederhole: paradoxerweise war es in den hundert Jahren von etwa 1725 bis 1825 kein Entwicklungsland, sondern gleichberechtigter Partner der europäischen Völkerfamilie. Es hatte die größte Eisenproduktion der Welt, eine weithin unbekannte Tatsache; die Kaiserin Katharina korrespondierte mit den größten Geistern der Zeit und stand als Persönlichkeit Friedrich dem Großen nicht nach. Wer heute staunend durch die endlosen Säle der Eremitage in Leningrad wandert, die Werke von Leonardo da Vinci und Rembrandt bewundert, der erfreut sich an einer einzigartigen Kunstsammlung, die ihr Zustandekommen dieser Fürstin verdankt. Bedeutende Gelehrte des Westens gingen gerne nach St. Petersburg, wo sie sich zu Hause fühlten; Suworow war ein in Europa bekannter und geschätzter Heerführer, und noch heute erinnert eine Aufschrift an seinen Übergang über den St. Gotthard. Beethovens Rasumowski-Quartette waren dem russischen Botschafter in Wien gewidmet; Alexander I. war zehn Jahre lang die dominierende politische Gestalt Europas; die führenden Köpfe der preußischen Regeneration hatten jahrelang in Rußland gelebt, Herder seine Gedanken in Riga konzipiert. Kurz und gut, niemand wäre damals auf die Idee gekommen, daß Rußland etwa nicht zu Europa gehöre. Will man die Lockerung seiner Zugehörigkeit zu Europa unbedingt auf ein Datum fixieren, so muß man den mißlungenen Aufstand im Dezember 1825 nennen. Damals wurden, für wiederum hundert Jahre, die Weichen falsch gestellt.

Da fast alle Literatur bei uns, die sich mit dem vorrevolutionären Rußland beschäftigt, von Leuten geschrieben ist, die der dünnen Oberschicht angehörten, so ergibt sich ein sehr einseitiges Bild der Verhältnisse. Etwa wie wenn man die Rassenfrage im heutigen Nordamerika nach Onkel Toms Hütte beurteilen wollte. Daß die Bevölkerung der Bundesrepublik besser lebt als die Menschen in der Sowjetunion, ist unbestreitbare Tatsache. Das hat die deutsche Bevölkerung immer getan: seit der Gründung Kölns durch die Römer. Bei einem Vergleich mit den Vereinigten Staaten wird es schon schwieriger, da bei den großen Differenzen ein Durchschnitt schwer zu finden ist. Was aber unbestreitbar ist und was jeder, der bei uns Politik macht, wissen sollte, ist, daß es den Menschen zwischen Ostsee und Stillem Ozean in ihrer gesamten tausendjährigen Geschichte noch nie so gut gegangen ist wie heute. Man komme nicht mit dem Argument, daß das zaristische Regime dies auch ohne die Oktober-Revolution genauso gut oder noch besser gekonnt hätte. Dieses Regime hatte das ganze 19. Jahrhundert Zeit dazu und hat es nicht geschafft. 1917 war sein Kredit endgültig erschöpft.

Zur richtigen Beurteilung der russischen Entwicklung darf ein wichtiger Tatbestand nicht außer acht gelassen werden: daß nämlich Rußland die Renaissance nicht mitgemacht hat, die für Westeuropa die entscheidende Wende zur Neuzeit brachte. In der Architektur hat das Land durch die Berufung italienischer Baumeister sich mit einigem lokalem Kolorit der Renaissance angeschlossen, wie jeder Moskaureisende an den Mauern und Türmen des Kreml sehen kann. Im Geistigen aber blieb das Land dieser Bewegung fremd. Im Westen ist die Renaissance im wesentlichen von der Römischen Kirche getragen worden. Die Orthodoxe Kirche im Osten jedoch stand den neuen Strömungen ablehnend gegenüber und verursachte so mit dem entscheidenden Einfluß, den sie nicht nur auf das geistige Rußland ausübte, eine Spaltung zwischen Rußland und der übrigen Welt, die bis heute fortlebt. Von den vielfältigen und grundlegenden Unterschieden, die das zur Folge hatte, möge hier nur ein für das deutsch-russische Verhältnis sehr wichtiger erwähnt werden: die russische Einstellung zum Krieg.

Unsere Vorstellung vom Krieg empfing entscheidende Impulse aus der Ritterkultur des Mittelalters. Krieg war damals eine Art Sport, bei dem nach ganz bestimmten Spielregeln getötet wurde. Das Morden war ein Gesellschaftsspiel der Vornehmen, freilich unter edlen Vorwänden. Diese Einstellung ist dem Russen nicht nur immer fremd geblieben, sondern sie erregte und erregt noch heute seine unverhüllte Abscheu. Für ihn ist der Krieg eine bitterböse Angelegenheit, erzwungen durch die Unvollkommenheit der Menschen, ein Unglück für den einzelnen wie für die Nation, bei dem es auf Leben oder Tod geht, und der möglichst schnell mit allen zur Verfügung stehenden Mitteln beendet werden muß. Im 18. Jahrhundert hat eine westlich erzogene und oft sogar nichtrussische Oberschicht die westeuropäische Einstellung zum Krieg übernommen, ohne daß sie jedoch im breiten Volke verstanden oder gar gebilligt worden wäre. Für die Russen war und ist Krieg notwendige Schlächterei, nicht aber die Fortsetzung von Sport mit anderen Mitteln.

Heute erleben wir, daß die Vorstellung vom »ritterlichen Krieg« durch die technische Entwicklung zum Anachronismus geworden ist, und das läßt in mancher Beziehung hoffen.

Vor dem Ersten Weltkrieg war in Rußland folgende Clown-Nummer sehr populär: Zwei Clowns kommen in die Arena, und der erste sagt zum zweiten mit stark deutschem Akzent: »Wir wollen kämpfen. Wenn ich sage ›los‹, fangen wir an. Wenn ich sage ›Schluß‹, hören wir auf.« Der andere ist einverstanden. Der erste ruft »los«, haut dem zweiten in die Fresse und sagt »Schluß«. Ehe der seine verdutzte Miene ändern kann, wiederholt sich der Vorgang. So geht es drei, vier Mal. Da holt der Angegriffene plötzlich aus, schmettert ihm die Faust mit voller Wucht in die Visage, so daß der durch die Arena kugelt, dreht sich um und sagt befriedigt »Schluß«. Eine bezeichnende Parodie auf den Unterschied zwischen Russen und Deutschen und eine fast tragikomische Prognose, die sich so bitter bewahrheiten sollte.

1920 also verließ ich Rußland für immer und habe es seitdem nur noch auf Reisen wiedergesehen. Es galt, Abschied zu nehmen. Mit achtzehn Jahren war ich kein Kind mehr, aber auch noch nicht erwachsen. Landschaftliche Schönheiten spielen in diesem Alter keine allzu große Rolle. Vieles, was man in fortgeschrittenen Jahren als unwesentlich empfindet, ist dem Achtzehnjährigen wichtig. Leicht trennte ich mich von Bergen, Buchten und Inseln, deren hochsommerliche Schönheit ich sechs Jahre genossen hatte und die ich heute, nach fünfzig Jahren, so gerne wiedersehen würde. Schwer, sehr schwer trennte ich mich von meiner ersten Liebe, die mir heute doch etwas relativiert erscheint.

Wir verließen die Stadt auf dem japanischen Dampfer »Hozan Maru«, bei uns in der Familie »Hosenmarie« genannt, denn die russischen Passagierdampfer hatten ihren Dienst eingestellt. Das Schiff verließ das Goldene Horn, bog nach Osten in den Sund, auf ungezählten Segelpartien durchstreiftes Gewässer, vorbei an der stillen Bucht Diomed und dem mit seinen Felsenfingern dramatisch emporragenden letzten Kap, vorbei an der kleinen Insel vor dem Eingang, die wie absichtlich dorthin gesetzt erschien, um einen Leuchtturm zu tragen. Von diesem Leuchtturm aus nahm das Schiff Kurs nach Südost, und die flachen, kreisenden Lichtstrahlen schickten uns in der Abenddämmerung die letzten Grüße des Vaterlandes nach.

Das Wort Vaterland ist ein Lehnwort des 12. Jahrhunderts aus dem Lateinischen: patria. Nimmt man es wörtlich, so ist es das Land, in dem die Väter lebten und starben, und so gesehen dürfte ich also Deutschland, in dem ich fünfzig Jahre gelebt habe, eigentlich nicht als mein Vaterland betrachten. Was ist wichtiger: geographischer Raum oder Sprache, Herkunft der Vorfahren oder persönliches Erleben? Seit uralten Zeiten haben sich die Menschen, die es traf, mit diesem Problem auseinandersetzen müssen. Eine letzte dramatische Zuspitzung hat es im heutigen Israel erfahren, das die Väter vor rund 2000 Jahren verließen.

Deutsche wie auch Russen unterscheiden sprachlich zwischen »Vaterland« und »Heimat«. Die beiden großen Kriege, 1812 und 1941/45, in denen der Feind bis in das Herz des Landes vordrang, heißen in Rußland »Vaterländische Kriege«, nicht »Heimatliche Kriege«. Das Vaterland ist der umfassendere Begriff, er deckt sich heute meistens mit den Staatsgrenzen. Die Heimat ist der engere Bezirk, mit dem man durch persönliche Erlebnisse verbunden ist. Heimatvertriebene hat es immer gegeben. Man denke beispielsweise an die preußischen Hugenotten oder an den Revolutionsflüchtling Chamisso, der 1827 in Erinnerung an seine Heimat die auch für heute noch gültigen Zeilen schrieb:

»Sei fruchtbar, o teurer Boden,
ich segne dich mild und gerührt,
und segn' ihn zwiefach, wer immer
den Pflug nun über dich führt.«

Macht man sich diese Unterscheidung zu eigen, so folgt daraus, daß man wohl seine Heimat verlieren kann, nicht aber sein Vaterland. Die Heimat ist etwas Reales und wie alles Reale dem Wechsel unterworfen. Das Vaterland ist eine Idee, und Ideen sterben nicht so leicht.

Aus dieser Spannung zwischen dem Lande, in dem

meine Väter lebten, und dem Lande, in dem ich selber gelebt habe und vermutlich auch sterben werde, aus dieser Schizophrenie zwischen zwei Reichen und zwei Kulturen, denen ich beiden angehöre, werde ich mich nicht mehr lösen können. Standen sie sich feindlich gegenüber, wie die längste Zeit meines Lebens, so habe ich darunter gelitten. Das Leiden eines einzelnen wäre unerheblich. Aber auch die Völker, die Deutschen und die Russen, haben darunter gelitten, und Ströme von Blut und Tränen sind geflossen. Sollten diese Zeilen auch nur einen winzigen Beitrag zu einem besseren Verhältnis und Verständnis der beiden großen und ruhmreichen Völker beitragen, so sind Zeit, Papier und Druckerschwärze nicht umsonst vertan.

An dieser Stelle ist es vielleicht angebracht, etwas darüber zu sagen, wie sich die beiden Völker wechselseitig sehen. Das Bild, das sie sich voneinander machen, stimmt nicht immer mit den tatsächlichen Verhältnissen überein, enthält aber doch einiges, was einer Nachprüfung wert ist und auch standhält.

Fragen wir also: Wie sahen und sehen wir Deutschen die Russen? Zunächst muß hierbei auf einen etwas paradoxen Tatbestand hingewiesen werden. Wir sehen sie nämlich zum großen Teil durch die in doppeltem Sinne anachronistische Brille der antiken griechischen Historiker, obwohl die alten Skythen mit den Russen nicht viel zu tun haben. Unsere gesamte vielhundertjährige humanistische Bildung ist geprägt von der Vorstellung von dem freiheitsliebenden, demokratischen, individualistischen, heldischen Volk der Griechen als den ersten Repräsentanten des – westlichen – Europa, des Abendlandes, und ihrem Kampf mit den despotisch regierten, zu persönlichem Heldentum unfähigen und zu roher Gewalt neigenden, primitiven, dumpfen Massen der Perser, den Vertretern der östlichen Barbarei.

Inwieweit dieses Bild zu der Zeit, als es konzipiert wurde, den objektiven Realitäten entsprach, oder ob es, um ein modernes Wort zu gebrauchen, schon damals »propagandistisch gefärbt« war, steht hier nicht zur Debatte. Es genügt, daß wir es durch die Jahrhunderte sozusagen im Unterbewußtsein mitgenommen haben und auf die jeweilige Gegenwart übertrugen, wobei Analogien diesen Prozeß unterstützten.

Solche Analogien sind zu finden in der geographischen West-Ost-Verteilung, in dem Vorhandensein vorgeschobener westlicher Positionen, einerseits der ionischen, kleinasiatischen Griechen, andererseits der Balten und Deutschrussen, in der Tätigkeit einzelner Griechen in Persien, zum Beispiel am Hofe, und einzelner Deutschen in Rußland, gleichfalls am Hofe. Ferner in der räumlichen Ausdehnung sowohl der Perser wie auch der Russen nach Osten hin in unbegrenzte Weiten, in die sie stets ausweichen und aus denen sie sich zu gegebener Zeit wieder regenerieren konnten. Darüber hinaus waren die Griechen ein seefahrendes Händler- und Kolonialvolk, vergleichbar etwa mit den Briten, während die Perser eine ausgesprochene Land- und Kontinentalmacht waren und im Handel der Antike eine untergeordnete Rolle spielten, ähnlich wie die Russen später.

All das hat dazu geführt, daß wir die Identität von Osten und Barbaren ziemlich unwidersprochen hingenommen haben. Der Satz »Ex oriente lux« hat nie sehr überzeugend geklungen und ist folgerichtig im Büchmann auch nicht zitiert.

Unabhängig von dem im Unterbewußtsein rumorenden Herodot ist das Bild, das sich der Durchschnittsdeutsche von seinen östlichen Nachbarn machte, im wesentlichen aus der Literatur geschöpft worden, da lebendes Anschauungsmaterial nur in begrenztem Umfange zur Verfügung stand. Bis zum Ersten Weltkrieg reisten zwar die russische Hocharistokratie und in gewissem Umfange auch sehr reiche Kreise der Bourgeoisie in die damaligen deutschen Modebäder Baden-Baden, Ems, Homburg und Wiesbaden, wo griechisch-orthodoxe Kapellen als etwas verwelkter exotischer Schmuck noch heute von früherer russischer Präsenz zeugen. Man muß aber zugeben, daß diese Schicht weder in engere Berührung mit der Bevölkerung kam, noch daß sie besonders repräsentativ für ihr eigenes Volk war. Und die Mehrzahl dieser polyglotten und exklusiven Menschen ging sowieso lieber nach Frankreich, nach Paris, an die Biskaya und die Riviera, wo sie sich aus verschiedenen, gerade mit dem Volkscharakter zusammenhängenden Gründen wohler fühlten. An den Universitäten, insbesondere in den naturwissenschaftlichen Fächern, gab es eine ganze Menge russischer Studenten, die weder reich noch aristokratisch waren, die aber zusammen mit den im Asyl lebenden Berufsrevolutionären ihrerseits auch nur einen sehr kleinen Ausschnitt ihrer Landsleute vertraten, nämlich die linke und extrem linke Intellegenzia.

So konnte es nicht ausbleiben, daß sich der interessierte Deutsche sein Bild vom Russen nach den Gestalten Tolstois und Dostojewskis machte, soweit er es nicht vorzog, Paul Rohrbach Glauben zu schenken. Aber auch die Figuren aus Anna Karenina und den Gebrüdern Karamasow, so lebensnah sie geschildert sein mögen, stehen nur für einen sehr kleinen Teil der gesamten russischen Bevölkerung. Und der große Rest der Bauern und Arbeiter wurde eben vom Westen her recht summarisch als »Barbaren« empfunden, denen gegenüber sich noch der Wurstmaxe vom Alexanderplatz als Säule westlicher Kultur verstand.

Wir sehen den in politischen Karikaturen verewigten russischen Bären als eine recht genaue Wiedergabe der Eigenschaften, für die er stehen soll: Gutmütigkeit, aber auch Unberechenbarkeit, eine ziemlich rohe Stärke, eine plumpe, tolpatschige Unbeholfenheit, die aber durch Dressur zu erstaunlichen Leistungen gebracht werden kann. Unnötig zu unterstreichen, wer sich da als Dompteur anbietet. Unnötig auch zu erwähnen, daß im Lande selbst dieses Bild nicht benützt wird, im Gegensatz etwa zum gallischen Hahn und dem britischen Löwen.

In mehr oder weniger tief versteckten Winkeln des deutschen Herzens sitzt immer noch der Traum von einem neuen, deutschen »Alexander«, der denen da hinten mal zeigt, was Ordnung und Kultur sind. Die Fülle und die Art der Witze, die nach dem letzten Krieg über die sowjetische Besatzungsarmee gemacht wurden, sind beredtes Zeugnis:

Ein sowjetischer Major, der in die Heimat zurückkehren muß, schraubt bei der Wirtin, bei der er einquartiert war, den Wasserhahn ab und nimmt ihn mit. Auf die Frage, warum, antwortet er: »Serr prraktisch! Ich

zu Hause in Wand machen, immer Wasser haben.«
Der Erzähler dieses seinerzeit sehr populären Witzes machte sich gar nicht klar, daß besagter Major, um den Hahn überhaupt abschrauben zu können, vorher den Haupthahn der Wasserleitung schließen, d. h. also die Wirkungsweise des Systems kennen mußte. Der Witz war also in sich falsch konstruiert, wie unzählige andere mit Fahrrädern, Uhren und ähnlichen Accessoires unserer überlegenen Technik. Sie alle entsprachen aber damals ihrem Zweck: das stark angeschlagene deutsche Selbstbewußtsein gegenüber dem russischen »Untermenschen« wieder zu heben. Auch Amerikaner und Engländer hatten uns ja schließlich besiegt, aber ihnen gegenüber hatte man solche Späßchen nicht nötig. Offensichtlich war es nicht ehrenrührig, von ihnen besiegt zu werden, wohl aber von den barbarischen Horden aus dem Osten.

Um aber zu Alexander dem Großen zurückzukehren: Die griechische Herrschaft in Persien dauerte rund hundert Jahre, und dann kamen die Parther und nach ihnen die persischen Sassaniden, und das Ganze lebte und blühte noch über achthundert Jahre, ehe die Araber das Land eroberten. Und über das, was in diesen 800 Jahren im Mutterland der Griechen, dieser Wiege von Kultur, Wissen, Demokratie und Bildung, vor sich ging, wissen die Geschichtsbücher nicht allzuviel Rühmliches zu berichten.

So viel über das Bild, das sich viele, zu viele Deutsche von den Russen machen. Wie schaut die Sache aber in umgekehrter Richtung aus?

Hier muß man davon ausgehen, daß es den Russen in dieser Beziehung nie an lokalem Anschauungsmaterial gefehlt hat. Wenn die in Rußland ansässigen Deutschen auch zu sehr verschiedenen Zeiten, aus sehr verschiedenen Schichten und zu sehr verschiedenen Zwecken eingewandert waren, so näherte sich doch ihre Zahl vor dem Ersten Weltkrieg den zwei Millionen. Diese Zahl machte sie zu einem jedermann bekannten und wohlvertrauten Bestandteil der Bevölkerung. Auch hier jene paradoxe Analogie: Es lebten sehr viele Griechen in Persien, aber wie viele Perser bevölkerten schon die Agora in Athen?

Wie schon erwähnt, war der Einfluß der Deutschen bei dem Herrscherhause der Romanows (de facto Holstein-Gottorp) in manchen Geschichtsperioden außerordentlich stark. Bekannt ist die Antwort des Generals Ermolow, als ihn Zar Alexander I. fragte, welche Auszeichnung er für seine Verdienste in den Napoleonischen Kriegen erbitte. »Majestät, ernennen Sie mich zum Deutschen!«

Die Russifizierung unter Alexander III. schränkte den deutschen Einfluß wieder etwas ein, und es kam häufiger zu Übertritten deutscher Familien zum orthodoxen Glauben, zu Mischehen und sogar zu Namensänderungen. Aber selbst im weit entfernten Wladiwostok gehörte das Kaufhaus der Stadt den Herren Kunst und Albers, der oberste Marinearzt war ein Deutscher, die reichste Familie der Stadt waren die Deutschschweizer Briner, der Augenarzt war Deutscher, das größte Haushalts- und Eisenwarengeschäft gehörte der Familie Langelüttje, und, last not least, einer der von mir verehrten Backfische hieß ausgerechnet Jenja von Drachenfels.

Ich wiederhole, an Anschauungsmaterial fehlte es

den Russen also nicht. Das Bild, das dieser Anschauungsunterricht lieferte, war, wie jedes Bild der Umgebung, unterschiedlich nach den sozialen Schichten. Die Einstellung des Volkes zu diesen eingewanderten Deutschen kann man recht gut in dem bekannten russischen Spruch zusammenfassen: »Der Deutsche hat den Affen erfunden.«

Dieser oft zitierte Satz soll besagen, daß der Deutsche zu den unwahrscheinlichsten, unglaublichsten Leistungen fähig ist, nur nicht zu einer, in russischen Augen, vernünftigen Zielsetzung. Man bewundert seinen Fleiß, seine technischen Fähigkeiten, seine Sauberkeit und Ordnungsliebe, empfindet ihn aber im letzten Ende als naiv, im Seelischen sogar als etwas primitiv, da er sein Leben für letztlich doch unwesentliche Dinge verplempert. Er erscheint kleinkariert und berechnend, es fehlt ihm die berühmte russische »rasmaschistaja natura«, wörtlich übersetzt, die »weitausholende Natur«, d.h. die Fähigkeit, kleine und kurzfristige Vorteile zugunsten großer, weiter und manchmal reichlich verschwommener Ziele zurückzustellen. Man empfindet wohl den eigenen Mangel an diesen deutschen, äußerlich so erfolgreichen Eigenschaften, kritisiert auch häufig ihr Fehlen im eigenen Volk, ist aber schließlich doch von der eigenen Überlegenheit überzeugt. Will man dies alles auf einen kurzen Nenner bringen, so kann man sagen, man achtet die Deutschen wohl, aber man liebt sie nicht. Es muß auffallen, daß diese Einstellung auch in der übrigen Welt nicht selten ist.

Die russische Literatur des neunzehnten Jahrhunderts ist voll von Gestalten deutscher Herkunft, die ziemlich genau die Einstellung der gebildeten Oberschicht widerspiegeln. Als Beispiel möge hier die Figur des Deutschen namens Stolz, als Gegenspieler die des Russen Oblomow im gleichnamigen Roman von Gontscharow dienen. In diesem Werk sind die oben ausgeführten Grundlinien bewußt übersteigert worden und haben zu dem auch heute noch gängigen Ausdruck »Oblomowschtschina« geführt, der eine innere Haltung definiert, bei der jede, auch die kleinste Anstrengung im Sinne der deutschen Tugenden unterbleibt, und zwar letzten Endes mit katastrophalem Ergebnis. Viel schärfer ist die Kritik an allem Deutschen, insbesondere am deutschen Perfektionismus in Tolstois »Krieg und Frieden«. Es ist immer wieder ein etwas schmerzhaftes Vergnügen, den Bericht über den berühmten Kriegsrat vor der Schlacht bei Austerlitz nachzulesen.

Fast alles bisher Gesagte bezieht sich auf die Zeit vor dem Ersten Weltkrieg. Nach der Oktoberrevolution schieden die Balten und die begüterten Deutschrussen aus dem Alltag der Sowjetunion aus. Viele von ihnen beteiligten sich auf weißer Seite am Bürgerkrieg, und nur ganz wenige kämpften auf der roten Seite. So kam es zu einer Russifizierung, wie sie sich Alexander III. in seinen kühnsten Träumen nicht zu erhoffen gewagt hätte.

Seit 1945 werden sie durch die zahlreichen Deutschen aus der DDR ersetzt, die dienstlich oder als Touristen in die Sowjetunion kommen. Und auch die Russen, die dienstlich oder als Besatzungsmacht die DDR kennenlernen, sorgen in letzter Zeit für einen engeren Kontakt. Da aber die Deutschen des Arbeiter- und Bauernstaates, insbesondere soweit sie jünger als 45 Jahre sind, sich in ihren nationalen Eigentümlichkeiten stark verändert haben, sind diese Erkenntnisse für das Verhältnis zur Bundesrepublik nicht sehr relevant. Die starke Amerikanisierung des westlichen Deutschland läßt uns leicht übersehen, daß auch drüben ein starker Einfluß der Besatzungsmacht spürbar ist. Da er sich weniger in Äußerlichkeiten dokumentiert, fällt er nicht so rasch ins Auge, enthüllt sich aber deutlich bei näherer Betrachtung.

Ein besonderes und besonders schwerwiegendes Kapitel ist das Bild vom Deutschen, das Wehrmacht und Parteiorganisationen in der Sowjetunion hinterlassen haben. Mein Vater leitete während des Krieges als alter Mann für die deutschen Behörden die Dnjepr-Schiffahrt mit Sitz in Cherson, und von ihm habe ich manches erfahren, was mich schon damals nachdenklich gestimmt hat. Was immer man über jene Zeit denkt und sagt und welche sehr unterschiedlichen Erfahrungen und Erlebnisse der einzelne gehabt haben mag, eines sollte man sich auf alle Fälle klarmachen: Das Bild, das Rußland sich vom deutschen Menschen macht, ist durch die Jahre 1941–45 entscheidend verändert worden.

Wer fremde Länder bereist, deren Sprache er vollkommen beherrscht, wird immer wieder feststellen, daß die breite Masse, der diese Möglichkeiten verschlossen sind, selbst von Nachbarvölkern sehr klischeehafte Vorstellungen hat. Wir alle haben aber erlebt, wie sich diese Vorstellungen, etwa im deutsch-französischen Verhältnis, durch gezielte Propaganda, gewandelt, ja fast umgekehrt haben. Man lese einmal nach, was in den zwanziger Jahren, mit Ausnahme etwa der Äußerungen Sieburgs und Tucholskys, bei uns über Frankreich und die Franzosen geschrieben wurde, und vergleiche es mit dem, was der Durchschnittsleser zu diesem Thema heute vorgesetzt bekommt. Wer sich heute erdreisten würde, zu singen »Siegreich wollen wir Frankreich schlagen«, wäre anstaltsreif.

Es geht also, es ist möglich, und was nach Westen mit solchem Erfolg praktiziert worden ist, sollte nach Osten endlich wenigstens in Angriff genommen werden.

Ich habe versucht, in diesem Bericht von meinen russischen Jugendjahren ein Bild der drei Räume zu geben, die diese Jugend prägten: das Baltikum, Denkmal einstiger deutscher Kultur, das riesige russische Mutterreich in seiner trügerischen Ruhe und der Ferne Osten, Vorposten europäisch-russischen Geistes am asiatischen Ufer des Stillen Ozeans. Drei Bilder sollen diesen Versuch, fünfzig Jahre im Geist zu überbrücken und zur Erhellung einer oft recht undurchsichtigen Gegenwart eine überschaubare Vergangenheit sichtbar zu machen, beschließen:

Steht man auf dem Domberg in Reval, so blickt man von oben auf die Dächer der Stadt. Kreuz und quer, verwinkelt und unregelmäßig liegen sie unter einem, mit dunkelbraunroten Ziegeln gedeckt. Die Ränder und der First bestehen aus weißen Ziegeln, wodurch die vielfach sich kreuzenden Konturen unterstrichen werden. Hoch reckt sich der schlichte, kupfergrüne Helm der St. Olai-Kirche in den blaßblauen nordischen Himmel; in der ineinandergeschachtelten Menge der Häuser ist der Marktplatz zu erkennen mit seinem arkadengeschmückten Rathaus und den gotischen Fensterbögen. Die Stadtmauer umschließt die Häuser und drängt sie in ihren Schutz.

Der »Kiek in die Koek«, der größte der Wehrtürme, könnte, von Dürer entworfen, in Nürnberg stehen. Der hohe, runde Turm der Burg, der »Lange Hermann«, kündet noch immer von der Zeit, als hier oben die Ritter des Deutschen Ordens nach Freund und Feind über Meer und Land ausschauten. Vom Meer her weht eine leichte Brise, streicht über die Dächer und führt den Rauch gemächlich mit sich fort. Es ist Birkenholz, was da unten brennt, und gelegentlich spürt man durch den salzigen Hauch des Meeres hindurch auch den Rauch der heimatlichen Herdstellen.

Tief verschneit liegt die leichtgewellte Landschaft unter der hellen Märzsonne. Tief violett sind die Schatten im Schnee. Von den Dächern hängen glitzernde Eiszapfen und künden das Ende des langen Winters an. Über die festgefahrene Bahn gleitet ein Schlitten dem Dorfe zu. Das kleine, struppige Pferd trabt gemächlich, bei jeder Bewegung seines Kopfes klingen die Schellen. In dem flachen Schlitten ist zum Wärmen Heu aufgeschüttet. In der Sonne ist es aber schon so warm, daß der Bauer seitwärts auf der Kante des Schlittens sitzt. Seinen Schafpelz hat er geöffnet und die Pelzmütze in den Nacken geschoben. Sein breit ausladender Bart reicht ihm als graue Matte bis zum Gürtel, der Mund ist unter wirrem Gestrüpp verborgen. Von Zeit zu Zeit bedient er die Peitsche, von der das Pferd kaum Notiz nimmt. Er hat es nicht eilig, wohin und warum sollte er auch eilen. Seine graublauen Augen unter buschigen Brauen blicken auf das näherkommende Dorf. Dunkelblau heben sich die Zwiebelkuppeln der Kirche vom Weiß ab; im fernen Kreml, dem innersten Herzen des Landes, sind sie aus Gold und glänzen herrlich in der Sonne. Der Mann hat sie schon einmal staunend gesehen, aber wie kann ein armes Dorf es dem weißschimmernden Moskau gleichtun? Die niedrigen Dächer ducken sich unter der Schneelast und drücken die Häuser so tief an den Boden, daß man sie kaum sieht. Aber in jedem dieser Häuser schlägt ein Herz: der Herd. Was ist ein Haus schon anderes als Schirm und Schutz für das Feuer? Solange es brennt, lebt das Haus; ist es erloschen, so ist das Haus tot.

Es ist unsagbar hell ringsum, und aus jedem Dach steigt fast senkrecht in der windstillen Luft der Rauch in den Himmel.

In der Mitte der Stadt Wladiwostok erhebt sich ein Berg, der den schönen, pathetischen Namen Adlernest trägt. Von dort hat man einen herrlichen Blick über die vielfältigen großen und kleinen Buchten, die Inseln und Halbinseln, die vielen Berge, die sich rundum bis zum Horizont erstrecken. Unter einem liegt die Stadt, die sich am Goldenen Horn über viele Kilometer hinzieht. Diese Bucht ist erheblich länger als ihr berühmter und antik-ehrwürdiger Namensvetter am Bosporus. Dafür hat sie aber auf ihrer ganzen Länge keine Brücke, so daß der Verkehr im Sommer mit Booten und im Winter über das Eis aufrechterhalten wird. Von diesem Berge aus sah ich unter mir oft die drei Häuser, in denen wir nacheinander gewohnt hatten. Ich sah das große Gebäude der Schule und den Feuermeldeturm in jenem kleinen Park, in dem ich mich öfter mit der Tochter meines Direktors traf. Ich sah die vielen Schiffe in der Bucht, große Frachter, die Passagierdampfer, und schließlich die Kriegsschiffe aller Herren Länder. Sie alle wurden damals mit Kohle geheizt, und aus ihren großen, hohen und zum Teil bunt gestrichenen Schornsteinen quoll dicker Qualm. Unter mir, terrassenförmig angeordnet, lagen die Dächer der Stadt, nach russischer Art ziemlich flach abfallend, mit Blech gedeckt, das hellgrün oder hellgrau mit Ölfarbe gestrichen war. Und aus den zahllosen Kaminen stieg der Rauch, nicht bläulich wie von Holzfeuer, sondern schwärzlich, denn man heizte mit der vorzüglichen einheimischen Anthrazitkohle. Bis zu mir auf den Berg stieg der Rauch nicht, er zog mit dem Wind über die Bucht dem Meer zu.

So wie ein Schlafender durch seine ruhigen Atemzüge anzeigt, daß er lebt, so eine Stadt durch den Rauch ihrer Herdstellen. Dem Rauch läßt sich nicht ansehen, ob dort unten am Feuer Sorge und Not hantieren, ob Freude das Feuer schürt, ob resignierendes Alter in die Flammen blickt oder ein Essen für gleichgültigen Reichtum von dienstbaren Geistern bereitet wird. Einmal den Kaminen entwichen, ist der Rauch indifferent und kollektiv, nivellierend und integrierend, Emanation der Gemeinsamkeit.

Ein altes Wort, das schon im ersten Gesang der Odyssee zu finden ist, das in Rußland zum Sprichwort wurde, heißt: »Der Rauch des Vaterlandes ist uns süß und angenehm.«